Vera Hewener

WELLEN, WOGEN, HIMMELSBOGEN

Gedichte und Geschichten
über Meere, Ströme und Gewässer

Über das Buch

Das Buch ist eine Reise über die Meere, Ströme und Gewässer. Gedichte, Geschichten und Notizen aus dem Werk von Vera Hewener erzählen von der Sprache des Ozeans und spiegeln die unbändige Kraft, die zerstörerische Gewalt tosender Wogen aber auch das blaue Wellenspiel, den Atem des Meeres in der weiten Stille wider.

Über die Autorin

Vera Hewener, Jahrgang 1955, lebt in Püttlingen als freie Schriftstellerin, mehrfach ausgezeichnet, u.a. vom Centro Europeo di Cultura Rom (I) "Superpremio Cultura Lombarda" 2001, "Superpremio Mondo Culturale", 2002; von CEPAL Thionville (F) 1. Preis Deutsche Sprache 2004, Großer Europäischer Preis der Poesie 2005, Trophäe Goethe 2007, Trophäe Mörike 2015, Wilhelm Busch Preis 2017.

Pressesplitter

„Heweners Sprache ist Rhythmus und Malerei." Beatrix Hoffmann, SZ 07.05.02 „Vera Heweners Gedichte scheinen in ein beständiges Flimmern gebettet. Um Wind, Licht, Farben sind sie zentriert, Wasserflecken spielen auf Sandbildern, Lichtküsse, nebelfeuchtes Federgras." Ruth Rousselange, SZ, 19.8.05 „Jedes Wort schillert und ruft ein Bild hervor. Flirrend sind ihre Impressionen: Meerjungfrauen, die im Tang Schönheitsschlaf halten, Vogelfedern, die von Freiheit künden." Beatrix Hoffmann, SZ, 07.11.11" „Offensichtlich steckt auch ein Schalk in Hewener." Anja Kernig, SZ 07.12.17

Vera Hewener

WELLEN, WOGEN, HIMMELSBOGEN

Gedichte und Geschichten
über Meere, Ströme und Gewässer

Die Deutsche Bibliothek verzeichnet diese Publikation in der Deutschen Nationalbibliografie; detaillierte bibliografische Daten sind im Internet unter www.http://dnb.dnb.de abrufbar.

Titelgestaltung unter Verwendung einer Fotografie der CCO Creative Commens von www.Pixabay.de

Herstellung und Verlag:
BoD – Books on Demand,
Norderstedt

Printed in Germany
1. Auflage 2022
ISBN 9783755734468
11,00 EURO

Vorwort

„Alles Leben hat seinen Ursprung im Meer und wer sich dem Meer öffnet, findet Anregung und Entspannung" erkannte bereits Hippokrates. Zwei Drittel der Erdoberfläche bedecken die Weltmeere, ein Drittel der Meere sind zwischen vier- bis fünftausend Meter tief. Die Weltmeere gelten nicht nur seit Menschengedenken als unerschöpfliche Nahrungsreserve, sie sind auch für unser Klima von besonderer Bedeutung. Die Meeresflora produziert mehr als zwei Drittel des Sauerstoffs, den wir einatmen. Übernutzung und Überfischung bringen dieses Ökosystem an die Grenzen der Regenerationsfähigkeit.

Die Meere teilen die Landflächen in die Kontinente. Drei Meere gelten dabei besonders bedeutend: der Atlantische, der Indische und der Pazifische Ozean. Mit den Ozeanen am Nord- und Südpol, dazu gehört der Arktische Ozean, d.h. das Nordpolarmeer und der Antarktische Ozean, d.h. das Südpolarmeer, trennen fünf Wasserflächen die verlandete Erdoberfläche. Im Niederdeutschen sind die Begriffe See und Meer vertauscht. Binnengewässer und die Grenzgewässer an Deutschlands Küsten im Norden werden nicht als Meer sondern als Nord- und Ostsee bezeichnet.

Allen Meeren gemeinsam ist die Anziehungskraft des Mondes. Die Gezeitenkräfte lassen auf der Erde Ebbe und Flut entstehen, die sog. Tide. Der Unterschied zwischen dem höchsten Wasserstand und dem niedrigsten Pegel wird Tidenhub genannt. Da die Stellung des Mondes zur Erde sich ändert, fällt auch der Tidenhub unterschiedlich aus. Dieser ändert sich wiederum auch durch die jeweiligen Mondphasen. Zweimal täglich werden die Wattflächen überflutet.

Wattenmeere bieten für viele Tierarten und Pflanzen einen einzigartigen Lebensraum. Sie sind Rastgebiete für Zugvögel, Ruheplätze für Robben oder Schutzraum für viele Tiere. Um diese Lebensräume zu bewahren wurden einige als Nationalparks, Natur- oder Vogelschutzgebiete ausgewiesen.

Das Meerwasser ist wegen des Salzgehaltes als Trinkwasser oder zur Bewässerung nicht geeignet. Meerwasser enthält zudem Mikroorganismen, Plankton, Algen, mannigfache verschiedene Mineralien und Spurenelemente. Die heilsame Wirkung des Meerwassers wird in der Thalassotherapie genutzt. Im 18. Jahrhundert entstanden viele Seebäder, die bis heute zur Regeneration aufgesucht werden.

Das Meer hat seit der Entstehung unseres Planeten und dem Leben auf der Erde nichts von seiner unbändigen Kraft verloren. Die Meeresforschung kann heute vieles erklären, was vormals als Seemannsgarn abgetan wurde: Monsterwellen oder Riesenkraken. Bewirtschaftung und Landgewinnung haben Auswirkungen auf die größte natürliche Energiequelle unseres Lebensraumes.

In der Literatur wurde das Meer durch alle Epochen hindurch besungen und bedichtet, ganz besonders und intensiv in der Lyrik. In diesem Band finden sich die schönsten Gedichte und Geschichten über das Meer und das Wasser aus dem Werk von Vera Hewener wieder. In lyrischen Gesängen und malerischen Impressionen spiegeln sie die unbändige Kraft, die zerstörerische Gewalt tosender Wogen aber auch das blaue Wellenspiel, den Atem des Meeres in der weiten Stille wider.

Inhaltsverzeichnis

„Wasserflecken leckt der Wind"

Meer und Watt

Als Watt bezeichnet man Flächen an einer Gezeitenküste, die bei Niedrigwasser wieder trockenfallen. An flachen Küsten können sie sehr ausgedehnt sein, an Uferzonen und Seitenarmen von Flussmündungen fallen sie geringer aus. Flächen oberhalb des Flutsaumes werden seltener überflutet. Hier geht das Watt in Salzwiesen über.

An- und Abstrom des Wassers im Watt konzentrieren sich in typischen Rinnen, den sog. Prielen. Viele dieser Priele fallen bei Niedrigwasser nicht ganz trocken. Vorgelagerte Inseln oder Sandbänke können Schutz vor der offenen Brandung bieten und bremsen den Rückfluss des Ebbstromes ab. Wattenmeere sind besonders an Flachküsten mit Sand- oder Schlickwatt zu finden. Lagern sich durch die Strömung und Tide Sand und Kies am Boden von Meeren oder Flüssen an, entstehen Sandbänke. Sie bilden einen Schutz vor der Brandung. Lagert sich die Sandbank über dem Meeresspiegel an, bilden sie freie Strandwälle und lassen Inseln entstehen.

Wer durch das trockengefallene Watt watet, trifft auf unterschiedliche Sedimente. Manchmal lässt es sich bequem wandern oder aber man versinkt bis zu den Knöcheln im Sand. Der dunkle Schlickwatt ist biologisch besonders wertvoll. Im Wattenmeer sind viele Pflanzen und Tiere wie Muscheln, Krabben, Seestern oder Schnecken zu finden, verschiedene Seegräser siedeln sich an.

Ebbe überall

beim Rückzug auf Sandbänke
Muschelgetuschel

Meerluft

Ich will das Meeresufer einmal noch erspüren
will den Hauch des Ungestümen fühlen
Meerluft spüren und fühlen und atmen
Ich will atmen die Natur des Ewigen
will staunen über das wahrhafte Wissen
des Ungebändigten

Ich will das Meeresufer einmal noch erspüren
und eingehen in den Wind der mich trägt
mich hingeben an das Uferlose
will mich einen mit dem Staublosen

Hier will ich einmal noch
den Himmel allen Blaus erahnen
und eingehen in das ewige Weltall

Lass uns ausruhen

auf Muschelbänken im Watt
Meersterne sammeln

Meersand

Vor lauter Sand versinken meine Füße
in tiefere Schichten graben sich ein
in Staubpartikel Zehe für Zehe
hinterlassen Kuhlen wieder und wieder

    Wie durch eine Bö die den Sand
    ans andre Ufer weht
    und auf die Steine des Zurückgelassenen stürzt
    unversehens ins Namenlose fliehend
    erscheine ich klein und fremd

So unwirklich wie das Licht wirft mein Schatten
sich in deinen Schatten Sand du Staub der Erde
du allen Anfangs Grund wartest auf Rückkehr

    deine Tiefen füllen sich ein ums andere Mal
    ergeben sich dem Gesetz der Wellen
    meine Zehen reinigend vom Zeitlichen

Salz

Stirnweiß wirft
Meer sich dir zu Füßen
adelt den Gang
der Fischsucher

wie kannst du laufen
auf der Wasserscheide

Tag
der dir schickt Delphine
dich ins Gebet nimmt
jeder Tropfen
der dich lichtet

Durst dich überkommt
im Anflug des Salzgeschmacks

Sandbild

Wasserflecken leckt der Wind und träufelt sie
auf das Gesicht des Sandbilds das die Nacht überdauerte
in den Kuhlen wohnen bald Sandfliegen und Seefenchel

der Tag sammelt das Licht hakt es in die Ösen des Bogens
spült unbeeindruckt von Feststehendem die Farben weich
und zeigt den Seeschwalben die Richtung an

für den Flug in die Wärme die wartet auf den Kuss
des Morgenmunds aufblühend am Saum des Horizonts
dunkelsilber noch trunken vom Gesang der Sternenbilder

Meerufer

Gischt tanzt auf der Schneide der Wellen wirbelt
schäumt ins Land bewässert den Strand erschlürft sich
Steinpartikel Sandkörner flieht zurück und
reißt alles mit sich

> Zeitstaub flimmert löst die Begrenzung auf und
> weit Entferntes mischt sich mit allem Nahen
> neu beginnt was sich aus Zerstörung nährte
> Ende und Anfang

Nebel aufschwingt feuchtet die Dünung dünstet
Federgras im Blaulicht verwurzelt büschelt
Blütenkelche flechten im Sand und bald ein
zartrosa Leuchten

Meeresdämmerung

In der Dünung
die aus dem Nebelmund
Paläste entsunkener Nächte aushauchte
schoben Pinienäste das Grau
von den Lichtkuppen der Wolkenberge

Mond wob seine weißen Quellen
durch den Sternenstaub
die bleichen Dünenrosen fröstelten
unter verbläutem Gestirn

fernab den gewaltigen Weiten
erhoben sich erste Laute:
  das Schnarren der Sandwürmer
  das Schleifen der Meerzunge
  der Balzruf der Tauben

unter dem Dämmerungsschleier
blinzelte die Sonne
wie das Rosa knospender Flechten

Wolkenfuge

Sonnenringe verzerren die Entfernung
überlagern den Weitblick der den Horizont
in blaue Streifen teilt in Wolkenfugen
    Windklänge eine Raumsinfonie
    aus hitzigem Mittagsdur

über der Gischtspur schwirren Möwen
greifen nach der Zeitmelodie
    die kein Verständnis hat für Aufgeschrecktes
    und die Eile von den Wellen spült

im Regelwerk der Stunden pendeln
die Silberflächen des Meeres
treiben sich gegenseitig an
    bis die Krümmung des Lichts
    die Konturen im Unkenntlichen bricht

Lichtfieber

In den Sphären die wie Hologramme wirken
verschwommen und doch vollkommen nah
neigt sich das Fieber des Lichts

Das helle Weinen einer Windbö schleppt
sich in die Ohrmuschel des Ufers
und verfängt sich im Dünensaum

Wenn Lichtsplitter sich am Zeitgrat
zersprengen und auf Sekunden flimmern
reibt sich der Himmel das Blau
aus den Augen

Rhapsodie in Blue

Wenn beim Schnäbeln des Vogelpaares
das Zwitschern endet, fliegen Töne,
von Sehnsucht erhoben, hoch hinaus,
in den weit geöffneten Himmel.

Die im Wasser des Lebens baden
weilen in der Welt wie die Sonne,
Zenit erhellender Schwingungen,
Umarmung, gezeichnet von Küssen,

   die brennenden Fackeln,
die kühlen im Schatten des Mondlichts,
spät, wenn die Hitzewelle sich bricht.
Gischt spült tosend die alten Kleider
an Strände, wo sie, wenn gefunden,
von anderen getragen werden
aufs Neue, immer wieder, weiter,
in Wiederholungen, in Zeiten,
in Gezeiten, die Ebbe wagen.

   Wir wagen weit hinaus,
ins Meer wir fluten mit der Brandung.
Komm auf die Sandbank, Träumerin,
die trocken für den Moment, wartet
auf die Stille des Rausches, Lichtstille,
Nacktheiten, nackt mein Körper, mein Blick,
mein Denken, nackt nur sehen wir uns,
nackt nur weben wir die Sekunde ein,
weben ein Kleid der Unendlichkeit.

   Augenblick der Sinne,
unserer Sinne, die verströmen,
ineinander fließen. Wir sind Meer,
vom Rauschen berauscht, im Schwindel wirr,

seekrank durch das Wogen der Wellen,
kraftvoll die berstende Brandung,
wenn die Flut das Land verheißt, dürstend
nach Überschwemmung und hungrig
nach Nahrung, des Wassers Mineral.

Bronn der Sehnsüchtigen,
Sehnsüchtige, die ohne Fragen
sich ins Wasser stürzen, hoffnungsvoll,
dass die Sandbank gewartet, bevor
sie sich dem Überfluten ergibt.
Wer weiß schon, wo das Meer ins Land reißt,
es nicht mehr hergibt, es ganz verschlingt,
in der stürmischen Umklammerung
seiner Wasserarme fast erstickt.

Selbst in dieser Strömung
wirft das Gewoge zurück ans Ufer
uns, Wurzeln schlagend im Boden,
den das Mineral befruchtet hat,
kostbar wie die Perlen der Muscheln,
Wir tauchen nach Muscheln, auf Suche,
auf der Suche nach jenen Perlen,
die aneinander gereiht ketten,
Lebensketten schmieden, der Mythos,

Meer, das Mysterium,
unvollkommen vollkommen, jenseits
bedeutungsvoller Worte, Unschuld
in undurchsichtigem Blau gemalt,
zweifelhafte Erscheinung, Betttuch
der Schöpfung, Transparenz zwischen Tod
und Leben, Gratwanderung des Ich
im Wollen, Denken, Fühlen, Lieben,
die Welt, wie sie nackt ist, Vorgeburt.

Nichts im Nichts, Traum im Traum,

Galaxien ohne Sonne, schwarz,
schwarze Löcher, Kontinuum
der Entfernung, bis der Horizont sie
bindet, Zeitband, schnellt zurück uns,
die wir ketten am Traumland, uns,
sterbend am Tag, uns trifft der Flügelschlag,
die sich gebären, Geborene,
Gebärende, Nachgeburt.

    Spiralnebel, Sterne,
Andromeda, die Wiedergeburt,
Nachwort im Wortlosen, dreht sich, schweigt.
Ich stand auf der Wiese, staunte scheu,
im Blinzeln des Lichts, sah dich Aura
im Vollkommenen, dich Lichtblende,
Schattenbild, Trugbild des Nichts, allein,
du mit der Perlenkette, Glitter,
ich reise mit dir, wenn das Land reißt

    im Zeitsprung gebunden,
wenn Wasser sich formt, fließt, wellt, wogt, bricht,
wir in uns gebunden, wir in uns
gekettet, geschmiegt an die Perlen,
Lebensschmiede, Eisenkette schwarz,
weiß, Grau im Grauen, blau im Blauen,
stille Unschuld, gesichtet in Schuld,
weilt in der Welt, Welt wie die Sonne
Zenit erhellender Schwingungen,

    Ton, Töne, Rhapsodie.

Grenzöffnung

Strandläufer tippeln
picken in Rippeln
Insekten auf
Salzwasser perlt aus

Hitze schleiert
vernebelt Uferland
Sonnenblick
Weißbruch

am Lichtband
Protuberanzen flimmern
fiebern vibrieren
am Rand des Rausches
Grenzöffnung

Im Grund

Im Rausch der Wogen
ist alles Freiheit:
der Entschluss
als Wellenreiter
oben zu stehen,
als neunmalkluger Weltenbummler
unterzugehen,
als angemahnter Schöpfling
auf den Boden zu sehen,
auf den Grund,
den Lehm,
geborgt
aus einer anderen Zeit.

Meerblicke

1
Wo Wellendrift Muschelkämme bricht
und Sandbänke spreizt
tost Meersog in den Ohren der Feuerquallen,
den Leib preschend an die Füße der Schwimmenden
einen Postkartengruß entfernt
vom Karma des Eben noch
sprenkeln Möwen das Himmelblau weiß

2
Kaum zu erahnen ein Fußabdruck
im Sandstaub ordnet Algengrün
ockergelben weißen Mikrokosmos
schimmert eine Handbreit
vor wild schlagendem Marineblau
blendet Licht durch Haarrisse
der Wolkenhaufen auf dem Scheitelpunkt
einbrechender Fluten

3
Aber dies ist auch ein Ort einsamer Sonne, Sonne
die in ihrer Kühnheit keine Schatten hinterlässt
nur Asche verbrannter Erde Wüsten vergangener Oasen
aufgebraucht im Brennpunkt heißer Luft
Was wirft Schatten im grellen Schein der Hitze
Hitze im flammenden Zenit
der das Dahinter längst verbannte
Dies ist auch ein Ort hitziger Sonne
die keine Gnade kennt und nicht nur jenen brennt
denen nach Hitze dürstet

Ebbe

Das Meer zieht sich zurück in der Ferne
blinken Schaumkronen aufgebrachter Wogen
Bojen für Seemöwen deren weiße Silhouetten
sich im Wasser spiegeln

    die Wellen rauschen Gischt ans Ufer
    hinterlassen Muschelkämme und Sandbänke
    zwischen den Rippeln läuft Strömung aus
    sie sammelt sich im Sog kleiner Strudel
    Kieselsteine verschwimmen sich im Rückfluss

während ein Habicht am Himmel kreist
tippelt ein Strandläufer hält kurz an
um im Schnelldurchgang übers Watt zu rennen
Strandfischer versetzen ihre Angelruten in die Flutgrenze

    Sonnenanbeter breiten Badetücher aus
    Strahlungsfläche weißer Haut
    wenn du den Kopf gegen die Windrichtung drehst
    dröhnt aufbrausender Wind in den Ohren
    Eingecremte werden zu Sandmännchen

Grabgesang

auf dem Ehrenflug Möwengeschwader
Salut der Sonne, ein Donnergrollen
Wasser reißt Kerben in den Dünenwall

Sand merzt die Scharten
mit dem Nachwuchs der Gräser aus

Lobgesang der Delphine
preisen den Sarkophag der Zeit

Jagdflug

Blaues Gewölk oben
blaues Gewell unten

    Möwengekreisch lautgrell
    Möwengekreisch blitzschnell

Blaues Gewölk oben
blaues Gewell unten

    spritzende Pfeile
    greifende Krallen

Blaues Gewölk oben
blaues Gewell unten

    Zerfall eines Fischzugs

Am Flutsaum

Es war der zweite Samstag im Juli 2011. Den Himmel durchzogen hell-graue Zirruswolken, die von leichten Federwölkchen, welche das Meer in die Höhe blies und nun vom Wind vor sich hergetrieben wurden, durchbrochen waren. Kein wirklich sonniger Tag, dennoch lud das Un-entschieden der Wetterfront dazu ein, sich den Meereshorizont näher anzusehen um herauszufinden, ob leichte Kleidung angebracht war.

Das Meer lag staunend in seinem Tiefbett und glitzerte. Keine An-zeichen einer Schauerneigung war zu erkennen. Der Ozean zog sich zurück und hinterließ am Flutsaum Unrat, Tang und totes Getier. Zwi-schen den angeschwemmten Haufen aus Tang lagen bäuchlings tote Krabben, leere Kunststoffflaschen, zerstückelte Hölzer und aller Art Muschelschalen. Ein größerer Fischkutter musste wohl die Netze ge-leert haben, anders war dieser Selbstreinigungsversuch des Meeres nicht zu verstehen. Wie sollte urplötzlich soviel Tang von der Strömung mitgerissen worden sein, dass er den Strand in seiner sichtbaren Länge komplett verschmutzte? Möglicherweise hatte es schweres Wetter auf See gegeben und der ganze Sheetkram, wie der Hamburger Fischer sagen würde, wurde an Land gespült. Von einem Sturm oder gar Orkan wurde jedoch nichts berichtet. Vielleicht hatte ja Triton sein Schwert geschwungen und die Wasserwiese gemäht für den Schönheitsschlaf der Meerjungfrauen. Inzwischen waren die ersten Meter des Flutbe-reichs trockengefallen und mit ihnen der Tang. Meerjungfrauen waren darin nicht zu finden. Die schwarzen Berge glichen Maulwurfshügeln. Strandläufer nötigten sie dazu, sie entweder zu umlaufen oder zu über-springen. Spaziergänger umgingen sie einfach elegant.

Es war lange her, dass die Silberküste sich für Erholung suchende Gäste in den Schmutz geworfen hatte. Vielmehr ließ man sich vom Lichtfieber gefangen nehmen, um zu erahnen, wie im entfernten Hori-zont die Töchter Tritons sich im endlosen Sonnenlicht die Haare kämm-ten, so sehr glitzerte und flimmerte es. Die Ölpest, die vor einigen Jah-ren vor Frankreichs Küste zwei Jahre lang für ein schmieriges Vergnü-gen sorgte, hatte der Ferienort unbeschadet überstanden, da man ständig bemüht war, die natürliche Ordnung wiederherzustellen und aufrecht zu erhalten.

Da kam mir ein Ereignis der besonderen Art in den Sinn. Auch dies lag Jahrzehnte zurück. Ein Pottwal musste sich in der Richtung geirrt haben, denn er strandete dort, wo sich jetzt der Tang ausgebreitet hatte. Leider war er schon stark ausgetrocknet, so dass auf Rettung dieses Meeressäugers kaum zu hoffen war. Sollte man zusehen, bis der letzte Atemzug getan war, um den Kadaver seiner Bestimmung zu übergeben? Die örtliche Feuerwehr entschied anders. Für den Abtransport hätte es wohl eines Krans bedurft, um das tote Tier auf ein Fahrzeug zu hieven. Ihn einfach wegzufliegen schien angesichts der versammelten Badegäste aus nah und fern zu spektakulär und ebenfalls sehr aufwendig. Es wäre kein erfahrenes Meervolk gewesen wäre, man nicht zu der Überzeugung gelangt, in den Sand eine Art Seemannsgrab zu schaufeln, damit Triton seinen ausgedienten Ritter der Tafelrunde wieder zurücknehmen konnte. Und so geschah es. Mit Schaufeln wurde eigenhändig so lange Sand um das Tier herum weggeschafft, bis das Loch sich mit Wasser füllte und zu erwarten war, dass ihn die nächste Flut wie ein Geleitzug in die Meeresgründe trug. Noch Jahre später erzählte man sich die Geschichte und dachte an den verirrten Meeresbewohner.

Doch dies hier war anders. Kein Unglück hatte den Strand getroffen, eher menschliches Versagen vor den Naturgesetzen. Während ich den Tang und die Muschelschalen betrachtete, um vielleicht doch noch ein paar Exemplare für meine Muschelsammlung zu finden, flogen dicht über dem Ufer ein weißes und kurz danach ein gelbes Sportflugzeug über den Köpfen der wenigen unverdrossenen Meeresliebhaber hinweg. Kaum war das Geknatter in Hörferne entschwunden, tauchte am nördlichen Küstenstreifen ebenfalls dicht am Ufer ein Fischkutter auf, im Schlepptau unzählige Möwen. Wer auch immer für das Ereignis verantwortlich war, der atlantische Ozean versorgte Mensch und Möwen weiterhin unbeeindruckt davon mit fischreichen Fängen und wieder frisch gespültem Gischtschaum.

Die Flut

Lange bevor das Hochwasser kam
wanderte ich über weites Watt,
durchwatete Priel um Priel,
Sandbank um Sandbank,
stampfte, schlitterte, torkelte ich.
Unter den Gummistiefeln
den Boden aus Poseidons Maul,
ausgespuckt zu Haufen der Marsch.

Beim Glockenschlag zehn
verließ ich den Pfad
von fischriechendem Wasser
und steigender Flut,
tobte in mir die Unruhe
wie Seemanns Gedacht:
Komm ich noch zurück
vor der Urgewalt Ungnad?

Die Wellen schlugen mir drohend nach,
aufbrausten in schäumendem Singsang.
Kreischende Möwen stimmten mit ein
in das Lied. Noch stieg die Flut.

Rinnen füllten sich breit und breiter,
drängten die Priel in die Furchen des Watt.
Laufenden Schrittes klopfte mein Herz
in die Angst vor den nassen Massen.

Endlich tauchten am Horizont auf
die Wacht vor der Macht der Natur.
Stolpernd kreuzte ich alle Rippeln,
am Strand gestrandet
wie zeitloses Treibgut.
Noch stieg die Flut.

Hitzköpfig

Das Meer klatscht Stereowellen
    rollt von einer Seite zur anderen
    donnert gegen die ungewöhnliche Hitze
    eines auslaufenden Mais

verstummt die Nachtigall
    vor dem übermächtigen Stürmen
    verzogen im Kobel Eichhörnchen

letzte Warnung als Möwenschrei
    wenn das Land von der Flut überwältigt
    unter der Kühlung erschauert
    sucht das Auge des Sturms
    den ungezügelten Freigang

Spritztour

Ach wäre das Grollen Gesang
ausblieb der Anprall der Brandung

auf Spritztour der Meergott
wischt nass nach die Haut dir
reibt ab dich mit Staubkorn

allein eine Vogelfeder blieb standhaft
im Kies flunkert dir von Freiheit

wahr scheint sie dir
wenn du die Wahl hast
zwischen Badetuch und Regenjacke

Ach die frühen Nebel

emporgewoben vom See
und das trübliche Aug
    nicht Schattenschemen
    Flügelschlagen vor den
    Umrissen entfernter Ufer

mir treibt die Dämmerung
ein kautziges Rufen ans Ohr
    der Wind pfeift eine Seite
    dem unkenntlichen Boot
    auf dem das Leben
    in den Tag schippert

mit langsamer Fahrt
unter dem Segel
des Morgengraus

Im Nebel

Trübt mich Nieseldunst
feuchtet im Nassschal
mich Salzkorn für Salzkorn
Rauwind

fern scheint mir Gischtschaum
lichtet hinter dem Blick
was weit mir scheint
was uferlos weint mir

Möwen sichten im Tiefflug
Silberfische kreuzen im Dreispitz
Wind und Wellen
jagen dem Pulk hinterher

der verschwimmt
zwischen Ahnung
und Nebelkunst

„Salzdampf kocht den Dünen- sand"

Dünen und Strand

Hinter dem Spülsaum sammelt sich der vom Meer hertransportierte Sand. Ein Strand entsteht. Weht der Wind den Sand über die Ufer hinaus, kann er sich auftürmen, es bilden sich Dünen. Weiße Dünen bestehen aus reinem Quarzsand und können mehrere Meter hoch werden.

Siedeln sich Strandhafer, Strandroggen oder Stranddistel an, beginnt die Bodenbildung. Zwischen den Dünenwällen können Dünentäler entstehen. Bildet sich keine oder nur eine geringe Vegetation, kann der Wind den Sand weitertreiben, Wanderdünen entstehen. Das Meer spült nicht nur Sand an, sondern je nach geologischen Gegebenheiten auch Kies, Geröll oder Steine. Sandstrände sind bei Sommerurlaubern besonders beliebt. Vielerorts werden die Strände vor der Saison gereinigt und mit Sand aufgeschüttet.

Um die Touristen beim Baden oder Schwimmen im Meer zu schützen, werden die Strände von Rettungsschwimmern bewacht und je nach Gefährlichkeit des Sogs beim Rückfluss der Wellen und der Gezeitenlage rot, gelb oder grün beflaggt. Eine Gefahr können auch Meerestiere bilden, die ich in Strandnähe befinden oder auf den Strand gespült werden wie Haie, Krokodile, Rochen oder Quallen.

Sandwürmer röcheln

im Strandbad plantschen Kinder
Möwen im Jagdflug

Salzdampf kocht den Dünensand

von Woge zu Woge schaukelt mich Gischt

noch bewacht der Meergott die Freiheit
taub an Land zu gehen

blutige Fußspuren laufen hinter mir her

Bist du Wind

Tropfen,
Staub?

Wer geht taub
an Land?

Meerjungfrauen
hört man nicht
singen.

Strandgang

Meerschaum Wellenkrönung
entglitzert im Sandgeriffel
Sonnenfön trocknet Skulpturen
aus Sandwurms Geschriffel

im seichten Priel graben die Zehen
blubbert Muschelgegluckse
wirbelndes Flöhegemuckse
pickt mich beim Gehen

Quallengang

Quallen lallen im Sand
wo sie ein Urlauber fand
herausgespült aus dem Meer
wabert das Gel giftig sehr

um doch einen Fuß zu fangen
sie auf den Urlauber sprangen
der fuchtelte wild umher
sprang aufgeregt in das Meer
wo sich die Qualle entband
und hurtig im Wasser verschwand

Verschiebung

Ein fiebriges Kribbeln verdampft im Wind,
das Geheul der Flut lockt zu Abenteuern,
gegen die Sandwand peitscht der Wellenschlag,
der stückweise die Konturen verschiebt.

Das wilde Herz erwacht und reißt aus dem
Sommerdämmer das Verwegene,
das mühsam in Grenzen Gehaltene.

Noch in dieser Stunde
werden Muschelberge sich auftürmen
bis der Ozean sich besinnt.

Zurück bleibt das Aufgewühlte,
das im Stürmen der Blauäugigkeit
die guten Vorsätze vergaß oder nicht.

In jedem Fall forderte der Kampf
eine verstörende Kraft.

Tourismus

Unterm Muscheldach fliegt der Sand nicht so.
Wenn der Wind bläst, dröhnen die Ohren
und die Plastikwände flackern.
Das Badetuch legt sich die Zeit zurecht.

Um zwei Uhr nachmittags treibt die Sonne
das Licht in die Augen und brennt auf der Haut.
Die Gäste tragen ihre Bräune voran wie ein Denkmal.
Der ratternde Kutter verkehrt die Zeit,
er arbeitet wie die Fischer.

In dieser Gegend liebt der Tourist den Tourismus,
nicht die Menschen oder die Natur.
Sie ist wie sie ist und bleibt wie sie ist,
gnädig und gnadenlos, schön und unschön,
laut und leise, wie die Fischer im Meer.

Der gute Wind

Saisonarbeiter sind gekommen,
Tagelöhner sind besonders gefragt,
solange die Sonne scheint, jedenfalls.
Schiffe fahren wie Gladiatoren
aufeinander zu. Sie kreuzen
die Weite mit ihren Segeln,
weltmännisch und großspurig.
Noch wenige Meter trennen sie, scheinbar.
Den Augen fallen die Lider in die Quere,
eine Lichtblende zur Wirklichkeit.
Bug an Bug stehen die Decks
und speien Schreckgespenster,
da winken sie sich zu, die Jachtbesitzer
und rufen: „Heute haben wir guten Wind."

Ende des Traums

Ein übriges Maß an Bedeutung
und Möwen, die das Licht verschleißen,
die Bläue und das Wolkenweiß.

Sie setzen ihren Flügelschlag zeitgenau
in den Wind, viertel vor elf oder auf elf Uhr.
Ein Flugzeug auf zwölf Uhr macht ihnen Konkurrenz.
Es gurrt so tief wie die Möwen
über den Köpfen hinweg.

Manche ängstigen sich ob der drohenden
Lautmalerei am Firmament.
Bestenfalls hat der Flug der Technik
aus Träumen aufgeschreckt.

Gewöhnlicher Verlust

Gleich hinter dem Horizont, dem nahen, fernen,
gleich über dem Himmel, dem blauen, schwarzen,
gleich unter der Sonne, der wärmenden, stechenden,
gleich hinter den Meeren
sind mir die Worte ausgegangen,
die ich zum Schreiben eines Gedichtes bräuchte.

Die Nähe des Vorhandenen
lähmt die Fantasie.
Sie weigert sich zu fliegen
und die Dichterin dichtet
mit dem Bekannten
die offenen Stellen ab.

Die Worte, die sie dazu braucht,
sind weder schwer noch alltäglich.

Die Langsamkeit

Der üppige Reichtum des Strandes
verleitet zu Leichtsinn.
Ein nicht enden wollender Tag
streckt das Leben und das Sommerloch.
    Ich lese zu lange, die Stundenuhr
    zweifelt am Ernst der Zeiger.

Ballclaqueure und Wellenreiter
sind die einzige Bewegung.
    Kinderstimmen versetzen die Luft
    in einen Tonteppich, auf den Silben
    krächzen Sekunden minutenlang.

Erst der Abend bricht mit dem Wellenkamm,
der jetzt weiß schäumt und den Sand spült.
    Es bleiben die Vergessenen, die den
    Sonnenuntergang nicht verpassen wollen.
    Die Dunkelheit verbittet sich den Zeigefinger.

Sonnenbad

Julikerze brennt in Sinnen,
langsam tropft das heiße Wachs.
Alles Leben drängt nach innen,
in der Erde ruht der Flachs.

Meine angebräunten Arme
rufen nach der Sonnenmilch.
Oh Helios, meiner erbarme,
doch er ist ein falscher Knilch.

Seine Glut schleicht hinter Wölkchen,
vorgetäuscht das Sonnenend.
Aus dem weißen Federvölkchen
sticht er scharf, es brennt, es brennt!

Ach geliebtes Sonnenbaden,
länger nicht kann ich dich freien,
muss mit Wasser mich beladen,
mich ins nasse Becken seihen.

Und so flute ich die Kerze,
lösch den Brand, kühl mich mit Feuchte,
rote Flecken sie ausmerze.
Mich die Sonn' nicht wieder täuschte!

Sonnenbrand

Weil mich der Glast des Sonnenstandes überbrüht,
hüllt mich der Wind mit Sandhandschuhen ein.
Doch meine Freude ist verfrüht.
Durch jene Schutzschicht sticht der Schein.

So schmore ich als Sandmännchen
werd ohne Not zum Rotmännchen,
auf dem sich tummelt Mück und Wespe.
Ich zitt're bald wie eine Espe,
zerschlage den Insektentraum,
flüchte unter den Schattenbaum

und salbe meine Blöße,
vermindere die Größe
roter Flecken mit Bedacht.
Hätt ich das früher nur gemacht!

Der Rohrbruch

Wachtmeister Meyer saß in der Notrufzentrale und blätterte in einem Reiseprospekt. Er hatte die Urlaubvertretung für seinen Vorgesetzten Hauptwachtmeister August übernommen, der wegen eines Tauchlehrgangs nach Hawai geflogen war. Um Urlaubsgefühle in ihm wachzurufen, hatte er ein Hawaihemd angezogen und sich eine Blumengirlande umgehängt. Es klingelte. Mürrisch griff er zum Telefonhörer: „Hallo, hier spricht Wachtmeister Meyer. Was kann ich für Sie tun?"

„Ich möchte einen Rohrbruch melden!", antwortete der Anrufer.

„Einen Rohrbruch? Wo soll der denn sein?", fragte er.

Der Anrufer staunte: „Das weiß ich nicht."

„Ja wenn Sie das nicht wissen, können wir auch nicht kommen", wehrte er den Anrufer ab.

Verständnislos flehte der Anrufer: „Aber es tropft doch schon durch die Decke!"

„Durch welche Decke? Liegen Sie etwa auf dem Sofa und haben zu viel getrunken?", grummelte der Wachtmeister. Aufgebracht haderte der Anrufer: „Nein, ich stehe im Bad und versuche, das Wasser aufzufangen."

„Ja was sagt Ihre Frau denn dazu? Wenn Sie müssen, müssen Sie gut zielen oder Sie müssen sich hinsetzen, dann tröpfelt es auch nicht", lästerte der arbeitsunwillige Wachtmeister.

„Aber es ist doch nicht mein Wasser, ich muss doch gar nicht. Das Wasser kommt von oben, wissen Sie, von oben!", entfuhr es dem Anrufer.

„Von oben, aber es regnet doch gar nicht. Wir haben Sommer oder ist etwa die Sprinkleranlage angegangen, weil Sie geraucht haben?"

„Sie sind wohl nicht ganz bei Sinnen. Haben Sie zu viel gelöscht?", grollte der Anrufer, der sich zu ärgern begann.

Wachtmeister betonte: „Ich muss doch sehr bitten. Wir löschen nur, wenn wir einen Brand haben, weil es wie heute so heiß ist."

„Ist ja auch egal, ob Sie meinen oder Ihren Brand löschen. Sie müssen jedenfalls herkommen, um den Rohrbruch zu stoppen, sonst steht hier bald alles unter Wasser", bedrängte der Anrufer den Wachtmeister.

„Können Sie schwimmen?", klügelte der Feuerwehrmann.

„Warum fragen Sie mich, ob ich schwimmen kann?", ereiferte sich der Mann am anderen Ende der Leitung.

„Ja weil bei Ihnen bald alles unter Wasser steht", herrschte ihn der Notrufvertreter an.

„Ich kann schwimmen, aber darum geht es doch gar nicht. Sie sollen den Rohrbruch stoppen", erklärte der Anrufer, der offensichtlich zunehmend unter Druck geriet.

„Für den Rohrbruch sind wir nicht zuständig. Da müssen Sie einen Installateur suchen. Wir sind die Feuerwehr, wir kommen erst, wenn alles unter Wasser steht", lamentierte Wachtmeister Meyer.

„Was, was?", schrie der Anrufer zornig in den Hörer. „Das ist doch die Notrufzentrale oder nicht. Und das ist ein Notfall. Also kommen Sie jetzt oder nicht?"

„Haben Sie nicht zugehört oder sind Sie schon untergegangen. Wir kommen nicht bei Rohrbrüchen. Dann wären wir ja ständig unterwegs bei dem Zustand der Leitungen. Wenn wir kommen sollen, drehen Sie den Wasserhahn ganz auf, damit es schneller vollläuft. Dann kommen wir abpumpen", wehrte der Wachtmeister weiter ab.

In dem Anrufer brodelte es. „Das ist doch nicht ihr Ernst? Ich werde mich bei Ihrem Vorgesetzten beschweren und Ihnen die Rechnung für den Installateur schicken und das ganze Malheur, das Sie verursachen, weil Sie nicht kommen wollen."

„Erstens ist das nicht der Ernst, sondern Hauptwachtmeister August. Und der ist in Urlaub gefahren nach Hawai. Der macht dort gerade einen Tauchlehrgang, um untergegangene Leute wie Sie zu retten", kommentierte Wachtmeister Meyer.

„Aber ich bin doch gar nicht untergegangen. Das ist doch nicht zu fassen. Das ist unterlassene Hilfeleistung", empörte sich der Anrufer.

„Wenn Sie schwimmen können, können Sie sich selbst retten, also ist das auch keine unterlassene Hilfeleistung." Wachtmeister Meyer freute sich, es dem diesem Mann, der ihn ununterbrochen mit seinem Anliegen belästigte, mal so richtig zu zeigen.

Der Anrufer verzweifelte. „Das Wasser steht mir gleich bis zum Hals, Herrgott noch einmal. Gleich platzt mir der Kragen."

„Wenn Sie noch länger warten, kann der Installateur auch nicht mehr helfen. Oder hat der auch einen Tauchlehrgang gemacht wie mein Vorgesetzter Hauptwachtmeister August, vielleicht um Rohre im Tauchgang reparieren zu können?", frotzelte Wachtmeister Meyer weiter.

„Wie kommen Sie denn jetzt darauf. Wir sind doch nicht in Venedig", brauste der Anrufer auf.

„Sie haben doch mit dem Tauchen angefangen. Also sind Sie jetzt voll oder nicht?" Wachtmeister Meyer war amüsiert.

„Nicht ich bin voll, sondern der Eimer! Es regnet immer noch aus der Decke", polterte der Anrufer stimmkräftig.

„Jetzt müssen Sie sich aber mal entscheiden, was Sie wollen. Sie blockieren sonst die Notrufzentrale", ermahnte der Wachtmeister.

„Ich habe bald keine Eimer mehr!", rief er Anrufer fassungslos.

„Hören Sie mal, zuerst lassen Sie ihr Wasser im Stehen in die Kloschüssel ab und zielen daneben, dann spritzt der Deckensprinkler von oben, dann wollen Sie tauchen und jetzt gehen Ihnen die Eimer aus. Sagen Sie mal, ist Ihnen beim Tauchen der Sauerstoff ausgegangen?", unkte Wachtmeister Meyer.

Entsetzt kollerte der Anrufer: „Wenn Sie kommen würden, bräuchte ich ja keine Eimer mehr!"

Wachtmeister befand: „Wenn wir kommen würden, wären die Eimer überflüssig, weil Sie im Bad schwimmen würden."

„Wenn ich im Bad schwimmen würde, bräuchte ich keine Feuerwehr mehr, sondern das technische Hilfswerk, um die Schäden der Überschwemmung zu entsorgen", behauptete der Anrufer entnervt.

„Na, da bin ich aber beruhigt. Endlich haben Sie verstanden, dass Sie falsch verbunden sind. Jetzt legen Sie schon auf. Auf mich wartet nämlich ebenfalls ein Eimer", versuchte der Wachtmeister das Gespräch zu beenden.

„Was denn für Eimer? Löschen Sie vielleicht noch wie im Mittelalter mit Eimern anstatt mit Schläuchen?", fragte ungläubig der in Not Geratene.

„Ja genau, unseren Brand löschen wir aus Eimern", konstatierte der Diensthabende.

„Welchen Brand um Himmelswillen löscht denn die Feuerwehr heutzutage noch mit Eimern?", ächzte der Anrufer.

„Na Sie sind vielleicht gut. Schauen Sie mal aus dem Fenster?", riet Wachtmeister Meyer.

„Ja und? Ich sehe nichts!" Der Anrufer war ratlos.

„Aber fühlen tun Sie die Hitze schon, die da draußen herrscht."

„Ja mein Gott, im Sommer ist es halt heiß", resümierte der Anrufer.

„Eben. Und weil es so heiß ist, haben wir einen gehörigen Brand",
teilte der Wachtmeister mit.

„Und was hat der Brand mit den Eimern zu tun?" fragte der Anrufer.

„Menschenskind, Sie sind aber schwer von Begriff! Die Biergläser
sind doch viel zu klein für unseren Durst! "

Ach Lichtgeschoss

dies hellste Hell keimt Hagelsprosse
bis dieser große Übermut
wird enden in der Sommerflut

ist auch dein Herz Präludium
im rosenreichen Fluidum
scheint's innigst rein und weißer weiß
so endet's doch wie schon gesagt
dass diese Welt von dir geplagt
sich unter Schirmen retten muss
denn aus der Straße wird ein Fluss
und untergeht die Frohnatur
da wünscht man Herbst sich rau und pur

Donnerwetter

Müde Sonne glüht nicht mehr
Himmel gab die Farbe her
Wolken hängen tief und satt
Meer streicht seine Wogen glatt

Nur der Wind braust auf und tobt
von Wald und Dünen hochgelobt
bricht in Mittags Trägheit ein
schleudert Nass durch Mark und Bein

Danke vielmals sagt die Landschaft
applaudiert von ihrer Mannschaft
und der Gast sagt alle Wetter
Donnerblitz wat für 'ne Retter

Dünensand

Dünen hügeln
Sandwirbel ufern
den Meerfuß
der immer wieder
alles glatt stampft
von Ewigkeiten her
alles Wurzeln bekämpft

welches wenn es dir Heimat wär
den Boden kräftigt
um das Versinken
erträglich zu gestalten
sandauf sandab

Los der Zikaden

Grashüpfer Grillen Zikaden
sägten in hügliger Wiese
abseits von kühlender Brise
die wehte von Ufers Gestaden

    sie sägten und gellten und tönten
    herzhaft mit festen Waden
    doch Käfer Würmer und Maden
    schimpften gemeinsam und stöhnten

soll doch der Himmel uns grollen
dachte die zirpende Meute
denen kein Ungemach dräute
wer sollt ihnen Böses denn wollen

    sie hüpften ans Ende der Düne
    strichen genüsslich die Geige
    dass sich der Meergott verneige
    vor ihrer Graskammerbühne

Doch auch die Möwen dies hörten
an ihren fischlosen Pfründen
hinter den sandigen Gründen
Lieder die sie verstörten

    sie flogen voll Groll einen Bogen
    zum kunstvollen Dünengesang
    das Trommeln verstummte verklang
    so wird nun ihr Schweigen zur Sühne

Atlantischer Sommer, spielerisch leicht

21.7.98

Auf der Sonnenspur
torkelt der Zeiger des Jahrs,
grün und blumig die Wiesen
und Röcke, Wanderstöcke
kommen gerändert daher,
gereist in einem Wald
aus Pinien und Kalkweiß.

Not lässt sich nicht blicken
bei diesem Strahlen der Bläue,
selbst Gemurmel der Wolken
hemmt das Lachen nicht.
Nein, in diesem Ort der Sorglosigkeit
sinnt nicht der Regen auf Rache.

Er spült das Soeben
in die Vergangenheit,
leichtfüßig und gedankenlos
wie dieser Sommer,
der seine Hitze gebührenfrei verschenkt.

Gegenwärtig ist er nicht von Bedeutung,
allein reinigen soll er die Luft
von der Schwüle der Sonnenmilch,
deren Duft nach Kokos und Palmöl
Fliegen zum Schlingern verhilft.

Wie einer Schale die Walnuss,
wie einem Windhauch die Frische,
entnimmt er dem Zeitbild Licht,
ein Spiel der gelösten Worte,
das über dem Summen der Circe
seine Lider schloss und einschlief,

in dem Menschen, die sich lieben,
ihre Liebe wiederentdecken
wie in einem Film mit Bogart,
der tiefblickende Held auf der Abschiebebank.

Frauen, die dort lieben,
tragen ungewöhnliche Namen.
Sie heißen nicht Maria.
Sie tummeln sich auf anderen Sonnenbänken,
jenseits der Rechnung von Raum und Zeit,
schwebend zwischen Himmeln im Feuerrot,
das den Abend versengt und noch brennt,
wenn das Blau sich dem Schwarz ergibt.

Windstille

Gräser lehnen sich
an den Rücken der Dünen

im Luftschutzraum
putzen Zikaden
Beine und Bogen
bereiten die Bühne
für den Tag
an dem jeglicher Sturm
den Wind verlor

weit tragen die Töne
die mir offen klingen
mich hoffen lassen
auf das Licht
der aufgehenden Sonne

Dünenwald

Dünenwaldboden
besät von Nadelzweigen
hingestreckt

riechst du das
smaragdene Moos
die samtenen Tücher
Humus verflochten?

winzige Ginstersämlinge zittern
unter dem Wind der Lorbeerbüsche

Seele blau vom Meerhimmel
sehnt sich zurück
immer wieder
zu den Flimmerpunkten
in schräger Weite

die mir aus den Ecken
aus den Kanten der Jahre
verblieben ist

Wenn auch Licht dich umglänzt

die Nacht wächst den Dünen gleich
Schicht für Schicht
bls der Morgen verlandet

Finale Orientierung

Ins späte Mittagsblau der Sand sich heiß verstreut.
Aus Höhen Möwenschrei den Sturz hinab gebahnt.
  Geheul der Brandung schwillt und Sterben nicht bereut.
  Ein Fischzug spiegelt Meer, als Beute schon erahnt.

Die träumen, sonnen sich, von Schwere weit entrückt;
sie hoffen, dass die Nacht sie nicht vergällt, vergreist.
  Des Alltags Gleichschrittzwang den Weg verflacht und bückt.
  Die Lust nicht aufbegehrt, von Sehnsucht stumm, verwaist.

Der Meerwind bläst, sich hebt, das Ufer er beweint.
Das Licht erotisch fällt und manche Stimme weckt.
  Im Schwarz des Horizonts sich's himmelwärts vereint:
  ein Puls die Wunde brennt, vom Bluten aufgeschreckt.

Finales schmerzt, vernarbt, ertrinkt in dunkler Welt.
Kein Zauber bricht den Stab des Schicksals. In der Zeit
  die Seele lahmt, erstirbt. Vergessen sich gesellt
  ins Totgeglaubte, wähnt von Zukunft sich befreit.

„Die Sprache des Ozeans"

~~~~~~

Seefahrt

Flöße und Einbäume zählen zu den ältesten Wasserfahrzeugen in der Menschheitsgeschichte. Aus Gewässern wurden mit deren Überquerung Verkehrswege. Die Schifffahrt war erfunden und mit ihr konnten fremde Länder und Kulturen entdeckt werden. Dies sorgte nicht nur für den Austausch von Waren und Ideen. Auseinandersetzungen über Territorien, wirtschaftliche und militärische Interessen blieben nicht aus.

Die Schifffahrt entwickelte sich im Laufe der Zeit in zivile und militärische Bereiche. Im militärischen Bereich bildet die Marine die zur See fahrende Flotte eines Staates und besteht u.a. aus Kriegsschiffen, Flugzeugträgern und Unterwasserbooten. Für den Handel und die Fischerei wurden Frachtschiffe konstruiert wie u.a. Tanker, Containerschiffe, Trawler, Fisch- und Krabbenkutter, Walfangschiffe oder Fischereifabrikschiffe. Für den Personentransport wurden Passagierschiffe, Fähren oder Kreuzfahrtschiffe gebaut.

Mit der Seefahrt entwickelte sich auch die Schiffsbauindustrie. Große Werften entstanden. Vor dem Stapellauf feiert man die Schiffstaufe. Dazu wird eine Flasche Sekt oder Champagner am Schiffsrumpf zerschlagen.

Auf Hurtigrouten

drohen Untiefen
der Anker wird gelichtet
Brandasund im Nebel

Bootsfahrt

Zerklüftungen der Eiszeit
Poseidons Wasserarme greifen aus Untiefen
nach Felswänden mit starken Planken
wäscht sie gelb im Flutbereich

Möwen landen auf taumelnden Schären
hüpfen übers Steinland
Wellen raunen in der Wasserschlucht
im Spülsaum schweben lauernde Quallen

inmitten der Fahrrinne holpert der Schiffsboden
rumpelt rau schrammt mit Eisenklängen
über Steinspitzen die aus der Tiefe wachsen

„Gestern war noch alles frei",
ruft am Steuerrad der Kapitän
des ausgemusterten Postschiffs
den Passagieren zu

Im letzten Jahr lag die Granvin
leckgeschlagen am Felsrand

Im Selbjörnsfjord

Immer wieder Geröll
Steininseln mit scharfkantigen Graten
ragen inmitten des Selbjörnsfjords
aus dem Tiefblau

darüber Lachmöwen kreisen
rasten schwingen auf

an den Felswänden
flüchten Erikafelder in den Himmel
verdichten Gräsergrün Fichtenbewuchs

Leuchttürme wachen über Fahrrinnen
Bojen markieren Seewege
für die Wendepunkte des Lichts

am Pier in Brandasund
blickt ein Seemann in die Ferne
eine Linie erahnend
am Horizont der Wünsche

Hochwassermarke

Sonnenpunkte schimmern auf dem Schliff der Wellen
flutendes Wasser spannt sich vom Horizont ans Ufer
peitscht hinter der Fähre her die sich gegen den Pier schiebt

ein Frachtkahn krächzt heran von Wasservögeln umflogen
spähend nach Fischfang angebellt von Wachhunden
als fände der Krieg der Tiere im Hafenbecken einen Neubeginn

in kurzer Entfernung wirft der Matrose die Ankerleine
vertäut die Grenze einer Wirklichkeit
die den Himmel absucht nach Bestand

das Auge ahnt den Fingerzeig der Hochwassermarke
ein Maßstab der an nichts gebunden scheint als den Zufall
gebrochen von der Einmaligkeit eines Ereignisses

Sprache des Ozeans

Das Glitzerfeld im Strahlenkranz der Sonne strebt zum Licht
blaue Inseln in sandfarbener Wasseroberfläche
von Silberstreifen durchbrochen

am entfernten Küstenrand klebt ein trübes Band
glimmt in den Aufhellungen türmt Häusergebirge auf
als einen Abdruck menschlicher Behausungen
im mystischen Fels den der Nebel ausblich

im Wind hängt die Sprache des Ozeans
kreiert mit den Seevögeln ein vereinigtes Königreich
als fände der Eroberungskampf eine Wiederkehr
in den Anlandungen der Wellenkämme

Entladungen

Behäbig funkelt die Meeresebene spiegelt grelle Blitze
senkrecht fallen sie aus Wolken auf den Wellengrat
verdampfen zu einer Säule die nach oben schlägt
in die Schlieren von Flugzeugen ins Gewölk verströmt

plötzlich scheint alles so nah als könnte man den Finger legen
auf die Spur der Entladungen und sich emporschwingen
ins Unerreichbare für einen Augenblick
trägt mich die Stille an die Stelle des Lichts

das Scheppern der Stahlseile entreißt mich der Trägheit
des Vormittags er streut sein Gemurmel über das Hafengelände
zwischen die Dockarbeiter die an Abgrenzungen
die Gitterstäbe des Tages neu ausrichten

Absperrungen

Im faulen Lehm lagern die Kristalle der Zeit
die Absperrungen der Andockflächen locken Losgelassene
ihren Grenzen entronnen üben sie ein wildes Verteidigen
jagen im windigen Jetzt Verlockungen hinterher

ein kaltes Spiel wirbelt in den Haarrissen der Gegenwart
spiegelt eine Silhouette des Wohlstands
zerknittert die Haut unter dem Einfluss des Erhitzten
die Wunden des Vertrockneten heilen im Regen

Früher Mittag

Am frühen Mittag schlafen Seevögel auf dem Hafenasphalt
hoffen auf die Nahrung des Kutters der sich Zeit lässt
als wäre ein Feiertag entflohen und alle Arbeit abgesagt

    in Wasserlachen spiegelt sich Grüngestein
    Grasmatten wirft ein Erdschatten von der Hafenausfahrt
    auf die Wege der Landungsbrücken zu den Booten

wiegen sich an den Stegen in den Schlummer
rot gerieben an den Farben des Taus ausgebrannt
vom täglichen Treiben auf der Fahrt nach mehr

Mittagsglocke

Salzkrusten haften an angeschwemmten Algen
in Sandfeldern landen Brachvögel wächst Blasentang
sorgt Windfeuer für die Verwirbelung der Zeit

    bunte Bojen markieren die Fahrrinne für das Motorboot
    läuft am Ankerplatz ein die Konturen der Fahrt
    von Sonnenstreifen nachgezeichnet

lassen Nähe und Ferne zu vor der Mittagsglocke
ein Lastkran neigt unentschlossen sein eisernes Maul
auf die Frachtfähre senkt ihre Rampe erstarrt

Doppelpunkte der Dämmerung

Der Blick verschwimmt in den Doppelpunkten der Dämmerung
das Schlepptau einer Bö fegt in Intervallen das Grau des Firnisses
hievt die aufkommende Nacht auf Sternpfähle

Zinnober senkt sich in die Fugen der Farblosigkeit
einer Angst der Ausweglosigkeit gewiss
löst sich im Labyrinth des täglichen Absinths aus
und ergreift Seefahrer wie Bodenständige

am Stock der Zeit rühren nicht Gebote und Gesetze
Menschen sind das Machwerk göttlicher Eingebung
und frei von unabänderlichen Dogmen

„Ach, ihr bangenden Matrosen"

Seemannskultur, Matrosen

Für die hohe See wurde ein Regelwerk geschaffen. Verlässt ein Schiff den Hafen, wird die Signalflagge P, der sog. Blaue Peter, gehisst. Begegnen sich Handelsschiffe und die Marine, wird die Nationalflagge niedergeholt und wiedergeholt. Dieser Seemannsgruß heißt dippen. Begegnen sich Schiffe der Marine, wird als Zeichen friedlicher Gesinnung Salut geschossen.

Die Reedereien haben zur Identifizierung eigene Hausflaggen, meist mit ihren Anfangsbuchstaben. Zur Kommunikation diente in Zeiten der Segelschifffahrt die Bootmannspfeife. Heute hat sie nur noch zeremoniellen Charakter bei Empfängen an Bord. Seemannslieder oder Shanties waren einst die Arbeitslieder der Seeleute. Bis 1970 wurde auf den Schiffen der Royal Navy Rum als Proviant verteilt, der später mit Wasser verdünnt und oft mit Zucker und Limettensaft getrunken wurde. Dieses Getränk hieß „Old Grog". Groggy bedeutete, dass man zu viel Grog getrunken hatte.

Überqueren Matrosen zum ersten Mal den Äquator, erhalten sie die Äquatortaufe. Der Seemann wird mit Fischöl, Rasierschaum und anderen Substanzen eingeseift und anschließend gereinigt. Er bekommt einen Scherznamen und eine Urkunde ausgehändigt. In der Deutschen Marine wurde sie 2011 abgeschafft. Bis ins 19. Jahrhundert war Kielholen eine Disziplinarstrafe, bei welcher der Seemann längs- oder querschiffs unter dem Schiffskiel durchgezogen wurde. Die schweren Verletzungen endeten oft tödlich.

Anker gelichtet

der Bootsmann pfeift die Seite
Flaggenparade

Totenkahn

Ach, ihr bangenden Matrosen!
Wie weht der Wind, wie bläst der Sturm,
wie bricht die wilde Wasserhose
über die Planken, zerbirst den Mastenturm.

Taue schlagen gegen die Kajüte.
Oh macht sie fest und bindet sie.
Wie schlägt das Pfeifen zu Gemüte,
lehrt sie das Fürchten, die dunkle Fantasie.

Offiziere und der Kapitän,
ein lautes Brüllen im Orkan,
der Kampf ein Wetterphänomen,
Wogengepeitsche, der blanke Hans voran.

Fässer rollen, stöhnendes Gedränge,
es steigt die Wasserlinie.
Des Rumpfes raue Reibeklänge
die Mannschaft schreckt, das Herz der Pinie.

Meerjungfrauen und der Meeresgott
erscheinen in den Monsterwellen,
die Planken reißen, werden zu Schrott.
Am Meeresgrund Hoffnungen zerschellen.

Grabeslieder aus dem Ozean,
spült Gischt mit allen Schiffesresten
ans Ufer als einer Mannschaft Totenkahn.
Fahrtenwind hallt, bläst aus dem Westen.

Die Frauen streuen Blumen in das Rauschen,
die Augen müde und verweint.
Wenn wieder neue Segel bauschen,
lockt still das Meer, im Wellenspiel vereint.

Keilschrift der Seefahrt

Im smaragdgrünen Hafenwasser schwanken die Boote
über dem fossilen Plankton das am Abend die Farben frisst
aus den Scharten der Wolken löst sich die Keilschrift der Seefahrt

    alles haftet an den Irrläufern des Windes rüttelt an den Pagoden
    der Balkone vor hohen Häuserfronten
    eines Einschlags aus Shanghai

hinter der Verzerrung lösen sich die Worte der Armut
zwingt ihr Joch über die Dächer
und nimmt die Ferne einer spärlichen Hoffnung auf

Messwerk der Erinnerung

Die Barke hängt am Pflock des Abgestandenen
Kapitän Hooke spukt sich durch das Leintuch
für das Messwerk der Erinnerung totenbleich

    aufgerollt das Bramsegel hängt schräg im Seil
    dreht den Wind in die alte Richtung
    bis das Zeitpendel in die Gegenwart zurückschlägt

im brackigen Kielwasser steht das Steuerrad still
stemmt das Tau das Gewicht einer Vergangenheit
die als Abenteuer noch in unseren Köpfen kämpft

Schiffbruch

Die Dünung fängt, was raues wildes Wasser
noch übrig ließ: die angeschwemmten Muscheln,
im Tang verfangne Quallen, die noch nuscheln
im Verrotten berstenden Gebälks. Erblasser

des Schiffbruchs sanken mit, Stürme grasser
verbliebner Schäden, ungeschöntes Tuscheln
der Fischerfrauen, alte Träume wuscheln
in wirren Köpfen der Erinnerung blasser.

Sie wirren ungeklärt, der Zukunft ungewiss,
ein schroffer Fels, der manches schon zerriss
wie Segeltücher, angespannt im Wind.

In ihren Augen spiegelt sich ein Kind,
das unbedingtem Glauben sich verschrieb,
an fest gefügten Bildern sich zerrieb.

Sodom und Camorra

Hein Petermann lag im Hamburger Hafen und wollte sich in Sankt Pauli amüsieren. Er rief sein Stammlokal an, wählte jedoch die Telefonnummer des Hotels Excelsior in Saarbrücken. Es meldete sich der Portier Giovanni Calabrese, der mit der deutschen Sprache nicht gut vertraut war. „Hallo, hier ist Hein Petermann, spreche ich mit der Bar?"

„Buon Giorno, hier Giovanni Calabrese am Apparat", meldete sich der Portier.

Hein Petermann staunte. Der letzte Portier war doch ein Deutscher. „Aha, ein Italiener, hat die Mafia übernommen?"

Giovanni Calabrese war verunsichert: „Mafia? Hier iste nicht Sizilia, hier iste Sarrbrucken."

Hein Petermann fühlte sich nicht ernst genommen: „Sizilien, Saarbrücken. Wie wäre es mit Sankt Pauli?"

Der Portier verstand nicht: „Ich nix wissen Sankt Pauli."

Der Matrose war überrascht: „Sie kennen Sankt Pauli nicht?"

„Ich nur kennen Santo Paolo in Roma", antwortete der Portier.

Der liebeshungrige Matrose überlegte. „Roma, auch nicht schlecht, wo ist denn das Roma?"

Giovanni Calabrese erklärte: „Italia, Signore, nichte Sarrbrucken."

Hein Petermann fühlte sich nun auf den Arm genommen. „Sie sind wohl der Klabautermann?"

Der Portier empörte sich: "Ich nixe Klabautermann. Hier iste Giovanni Calabrese, Hotel Excelsior."

„Ach, das rote Haus heißt jetzt Excelsior. Da hat der Besitzer also doch gewechselt. Kein Wunder bei der Mafia", orakelte Hein Petermann.

Der Portier erwiderte aufgebracht: „Mafia? Camorra? Wir kein Schutzgeld zahlen, Sie Verbrecher!"

„Sie sollen auch nicht zahlen, ich will doch zahlen", versuchte der Matrose, die Situation zu erklären.

Giovanni Calabrese verstand nun gar nichts mehr: „Wie, Sie zahlen Schutzgeld für Hotel?"

„Ich möchte doch bloß eine Nacht mit Maria buchen", erklärte der Matrose.

Der gläubige Portier reagierte ungehalten: „Santa Maria? Iste nicht hier, iste in Roma."

„Was ist denn das für ein Laden. Ich fahre doch nicht für eine Nacht bis nach Rom", empörte sich jetzt Hein Petermann.

„Scusi Signore, hier kein Laden, iste Hotel Excelsior", entgegnete der Portier.

Der Matrose versuchte, die Dinge richtig zu stellen. „Also gut, Sie sind ein Hotel und kein rotes Haus. In Italien laufen wir aber erst nächste Woche ein. Ich möchte doch bloß ein bisschen Liebe und zwar morgen. Buchen Sie mir bitte eine Nacht mit Maria!"

Der Katholik Giovanni Calabrese glaubte nun, er habe es mit der Muttergottesliebe zu tun. „Madonna mia! Amore madre di Dio. Ich mussen nachschauen in Prospekt Ludwigskirche." Er blätterte im Prospekt, konnte aber nichts finden. „Scusi, ist morgen keine Messe frei."

„Spinnen Sie doch kein Seemannsgarn. Natürlich ist die Messe frei. Wir liegen doch im Hafen", rief der Matrose in den Hörer. Der Portier dachte, er habe alles falsch verstanden. „Oh, Sie wollen Schiff buchen. Iste nichte Schifffahrtsamt, hier Hotel Excelsior."

Hein Petermann war der Verzweiflung nahe. „Ja, hat man dir denn den Rum gepanscht oder ist in Sankt Pauli die Pest ausgebrochen?"

Der Portier glaubte, dass der Papst erkrankt sei. „Mamma mia, Santo Paolo malato? Pessima, iste pessima."

„Jetzt hören Sie mal, Sie Heulboje, wollen Sie nun ein Geschäft machen oder nicht?", versuchte der Matrose, zum Abschluss zu kommen.

Der Portier empörte sich wieder und erwiderte beleidigt: „Ich nix Hund, machen kein Geschäft. Wir kein Hundehotel."

„Wollen Sie mich betakeln. Ich bin doch kein Sodomist, Sie Haifischköder Sie", explodierte jetzt Hein Petermann. Ihm so etwas zu unterstellen war eine bodenlose Unverschämtheit.

„Sodom und Gomorrha iste auch untergegangen", mahnte der Portier.

Hein Petermann holte tief Luft. „Deine Segel sind wohl löchrig. Jetzt machen wir mal klar Schiff! Also nochmals zum Ausklamüsern. Ich, Hein Petermann, liege im Hamburger Hafen und möchte für morgen eine Nacht mit Maria buchen. Ich werde auch dafür zahlen. Und ich bin auch kein Verbrecher, sondern Matrose, Sie Landratte, Sie!"

„Olala, ich nixe Löcher in Segel, Saarschiff iste immer klar. Sie aber auch nichte Traumschiff, Sie Hundeliebhaber. Also, wollen nun buchen für Messe mit Maria?", bohrte Giovanni Calabrese nach.

„Genau, eine Nacht mit Maria", bestätigte Hein Petermann.

Der Portier blätterte im Kirchenprogramm: „Sie Gluck haben Signore. Ich habe Nacht gefunden."

„Endlich, das hat zwei Glasen zu lange gedauert."

„Morgen Nacht iste Maria im Himmel in große Basilika, iste Maria Himmelfahrt", erklärte Giovanni Calabrese voll Stolz.

Seemannsgarn

Sturmmale im Sand
kreidebleich vom Überfluten

Wischzeichen der Gischt
erzählen vom Fischfang

Meer stottert verrottete Kanthölzer aus
schreibt eigene Geschichten
über Fangnetze und Untergang

Scholle und Flunder

Die Scholle sprach zur Flunder:
„Dein Kleid ist doch nur Plunder,
wie eine Fleckendecke,
du bist ne Meeresjecke."

Da sprach die Flunder: „Scholle,
sag, bist nicht ganz dolle?
Das Meer ist keine Modenschau,
egal ob Mann oder ob Frau."

Da sprach die Scholle: „Flunder,
es wäre auch ein Wunder,
wenn du wärst wie das Meer so blau,
du bist nur platt und mittelgrau."

Die Flunder sprach: „Du, Scholle,
bist auch nicht grad aus Wolle!
Dein Steingrau gleicht dem Meeressand
getarnt wirst du nicht mehr erkannt."

„Oh Flunder", sprach der Plattfisch,
du bist ja nur ein Nachtisch.
Wer mich erkennt, kriegt Appetit,
mich zu verwandeln hält mich fit."

„Du hast doch Stachelflossen,
zählst nicht zu den Kolossen,
als Speisefisch wie du und ich,
landen wir beide auf dem Tisch."

Da zappelte ein Wattwurm,
es kam zu einem Ansturm,
am Boden kräuselte das Meer,
Scholle und Flunder hinterher.

In diesen Turbulenzen
hielt sich der Fang in Grenzen.
Der Wurm entpuppte sich als schnöder
weitgeworfener Angel-Köder.

Da sprach die Scholle: „Flunder,
dies Pech ist ein Glückswunder.
Vergraben wir uns in den Sand
und bleiben unerkannt."

Nordseesplitter

1
Die See hat den Sand in Falten gelegt,
warf Abgestorbenes ans Ufer.

Es verfault in der Erde,
die sich unentwegt verändert,
nur das Verfaulen verändert sich nicht.

Die Gerüche verprellen die Lebenden.
In konservierter Form verfault es in Dosen.

Es riecht nach Rost,
der eisernen Verwesung.

2
Der Wind peitscht Wellen ins Wasser,
treibt Sand an die Küste,
wiegt Muscheln in den Tod.
Ausgespült aus der Flut
bevölkern sie Sandbänke.

Priel träufelt noch einmal
Wasser in ihr Inneres,
als wollte sie ihnen
das Seemannsgrab
nachreichen.

3
Grüner Tang,
was hängst du glitschig
über Muscheln.

Schalen knacken
unter meinem Schritt,
zersplittern

Möwen stürzen auf mich zu,
schlagen mit ihren Flügeln,
drohen mich zu vertreiben
vom Meeresfriedhof Watt.

4
Rauschen,
immer wieder Rauschen,
Rauschen in der Nähe,
Rauschen in der Ferne.

Es fliegt mich an,
zersetzt mein Gehirn
in einen Empfänger
seiner Wellenfrequenz.

Grelle Möwenschreie
schlagen gegen den Takt,
verändern die Pausen,
bespringen den Rhythmus.
Sie beißen sich am Taktstock fest,
wollen dirigieren.

5
Graue Wolkenhaufen
verdrängen die Sonnenplätze,
verschaffen sich Raum.

Zusammengepfercht
kauern sie sich aneinander,
warten auf den Zeitpunkt
ihrer Auflösung.
Ein Tropfen traut sich,
ihnen zu entfliehen.
Andere fallen nach.
Mitläufertropfen,
zerprasseln alles
unter sich.

Die Tränen der Vergängnis,
der Himmel weint sie aus.
Sie nässen alles Trockene,
berühren meine Haut.
Ich wische sie ab,
als wäre nichts geschehen.

6

Die Sturmflut war angesagt.
Wind war die Vorhersage.
Er zauste an allem Festen,
riss Ungebundenes mit sich fort.

Windstärke zehn türmte
die Wellen meterhoch auf,
Mahnmale der Schiffe.

Sie klatschten gegen die Bretter,
fielen über sie her,
krallten sich in ihnen fest.
Im Sturmmaul verschlungen
versanken sie für immer.

7

Blanker Hans,
schwankst betrunken
an die Küste,
kost den Besucher
von allen Seiten.

Unzuverlässiger Gastgeber,
fängst an zu beißen,
zerreißt die Segel,
zerbirst den Mast,
zerstückelst die Bretter.

Und den Trauernden
singt dein Rauschen das Grablied.

Wellenklang

Die Wellen tanzen bis die Fluten steigen.
Wer wagt hinaus in ungewisse Strudel,
    will wie begossne Pudel
    das Aufwachen erleiden.

Sag nicht, das sind die unbewussten Klänge,
die das Gehör mit Sehnsucht vollgestopft,
    darüber Wünsche aufgepfropft,
    Verstand darin versenge.

Das Wasserleben schlägt die Wogen auf,
fragt nicht nach dir, nach insgeheimen Wünschen.
    Es wird die Dinge tünschen
    und forttreiben zuhauf.

Das Wollen will und Sollen will nicht werden.
Wer kann den Kampf in sich ausfechten,
    nach Unmöglichem hinhechten,
    verwurzeln sich und erden.

Die Tage nebeln bis die Sonne brennt,
die Nächte greifen nach den Sternen.
    Leben vom Leben lernen
    kann nur, wer sorgsam trennt.

Shipping for Future

Auf Kreuzfahrtschiffen
donnern die Diesel,
Schweröl getrieben.

Zehntausende
hängen in den Seilen,
klimavergnügt und
vegan.

Fische stottern
im sauerstoffarmen
Untergrund
sich das Plastik
aus den Kiemen.

Globetrotter bilden
sich weiter,
standesgemäß,
von Reise zu Reise,
fallen in Häfen ein,
in Flussstädte und Meerengen,

werfen ihren Müll
mit und ohne Verstand ins Wasser
und entsorgen die Zukunft
ihrer Kinder
bildungsgemäß.

„Sturmgesänge"

Wellen, Flut, Sturm

Damit im Wasser eine Welle entsteht, muss eine Energieübertragung stattfinden. Jeder, der schon einmal einen Stein auf eine ruhige Wasserfläche geworfen hat, kennt diesen Vorgang. Die Krafteinwirkung des Steins ist die anfänglich auslenkende Kraft, die das Wasser in die Höhe schiebt. Die Erdanziehungskraft zieht es wieder zurück. Wie bei einem Federpendel schwingt das Wasser hin und her. Dabei entsteht die Wellenbewegung.

Die Windenergie ist für den Seegang verantwortlich und kann Wellenhöhen von bis zu 35 Metern bei Windstärke zwölf erzeugen. Bei einem Orkan sind die Wellen bis zu 350 Metern lang. Sturmfluten bedeuten eine Gefahr für die betroffenen Küstenregionen, vor allem, wenn sie die Deiche durchbrechen. Neue Meeresbuchten können entstehen, der Küstenverlauf kann sich ändern. Monsterwellen lassen sogar fast dreihundert Meter lange Ozeanriesen kentern. Die Sturmflut wird in der Literatur auch als Blanker Hans bezeichnet.

Blitzjagd im Blauen

Schauer stürzen dir zu aus
allen Himmeln Nacht

Himmelsstürme

Als wenn ein dunkles Blau den Himmelsbogen
nach unten zieht, verhakt, vertäut und spannt
am Meeresgrund, der das schwere Band
nur halten kann, weil er es aufgesogen,

als fühlt er um das Nass sich halb betrogen,
saugt er es heftig aus der Wolkenwand,
bis alle Spuren in ihm eingebrannt
und alle Schwindel in ihm aufgeflogen:

Erstürmtes, von der rauen Welt Zerrissnes,
im Grund Verlornes, das niemand mehr vermisst.
Wer nie danach gefragt, wes Kind er ist,

hält später als Erinn'rung nur Verschlissnes
in der Hand, ein ungekanntes Meer,
ein nicht gewagtes Leben ohne Wehr.

Allerlei Donner

kracht in die Häuser im Sturm
werden Stimmen laut

Möwen schweigen still

Nordwind peitscht Wolken aus
spar dir die Tränen

Hungersturm

Noch ist es grau am Uferstrand
dunstige Nebelnetze
fallen über mein Gesicht
und übers Meer fliegt aufgewirbelt
ungestümes Kreischen

Schatten stürzen
weiß vom Seewind
scharren im Priel
Seevögel schlagen
ihre Hälse in Rinnsäle

ich steh in der Flugbahn
scharf klingen die Schnäbel
klirren wie Säbel
wenn sie jagen
im Hungersturm

Sturmwarnung

Weh dir Arès
wenn alle Fische trocken geworfen im Watt
aufgesammelt in Eimern
flutet leeres Wasser Algen und Meeresreste
an das Küstendreieck

dann bau die Kanone zurück
werfe die Fischernetze über die Dächer
um dem Sturm standzuhalten
der losbricht

Sturmgesänge am Atlantik

1

Das Meer rauscht schwarzzüngig
höhere Luftschichten der Regenfront
saugen gierig Land auf
Raubvögel retten sich

Dünensand fliegt davon
sturmgebeugt legen sich
Strandgräser schützend
über Röhrenwürmer

den lautesten Groll tragen die Fischer
Absinth gestählt mit salzgespülten Augen
in die Hafenkneipen
wo das Seemannsgarn
die Haut zusammenhält
wie Fesseln den Entführten

nirgendwo hält Licht
was es bei Flaute verspricht
Orkane kennen keine Stille

2
Das Meer bauscht braust
tobt am Ufer den Groll
über den Fischverlust aus

Schiffe kentern kieloben
Haie vertreiben Riesenkraken
vom Futterplatz

wer den Wächtern der Naturgewalt
entkommen will
braucht Schwimmhäute

3
Wie Wolkengewäsch
donnert plötzlich Regen
aus dunklen Schatten

Hörst du wie Wellen
an Land schlagen
Gischt über die Brandung peitscht
vor Zorn schäumt

uns trifft die Wut nicht
wir haben das Chalet nicht verlassen
wir halten die Hände übers Feuer
beten zum Himmel
dass der Sturm vorüberzieht

4
Pinien säubern sich von
vertrockneten Nadeln
zerfressenen Kieferzapfen
Wurfgeschossen des Winds

morgens zeigt das Ausgetobte
mildere Zähne kaut
vergangene Stunden wieder
bis wir die Schäden die Unordnung
verdauen beginnen wir langsam
den Schrecken in die Schranken
zu weisen

5
Vogelgezwitscher
ziept aus den Pinienkronen

erster Flugverkehr
Stühle trocknen ab
auf dem Tisch Kaffeegeschirr
Tassengeklapper

wir zollen Respekt
vor Meeres Wetterzorn
hissen den blauen Peter

Überflutung

Wellenbrecher
schlagen wild auflandig
voller Wucht
in den aufgeheizten Mai

das glutvolle Meerherz flutet
blutende Muscheln
aus der Tiefe

meine Augen lichtblind
ahnen die Länge der Wasserwalze
der sichtbare Küstenstreifen bebt

Sandmännchen flüchten
aus der Uferzone
und Pinien wirbeln versengte Nadeln
Zündhölzern gleich
durch die Luft

im Aufguss aus Harz
atmen Lungenflügel sich wieder frei
auf dem Rücken der Salamander
knistert die Feuersbrunst

Strömungen

Das schlagende Meertuch
immer wieder ausgeschüttelt
fallen wie Steine ab
Licht und Schatten

gehst du im Sandhemd
zieht aus dich Windwut
Federblut tropft die
Meerschrift über Muschelgries

dir werden Schwarztöne
vor Augen stehn
gehst du im Sog
der Strömung entgegen

Flut

Sänfte mildwarmes Gewoge
gemächlich herüberschaukelt
in Prielen der Sandbank zu

Meeresreste prallen an
wenn es anschwillt
Wellen mit Blauglitzer
das Himmelsaug' täuscht

sieh dich vor
wenn Wolfshunger wässert
maulweit die Reißzähne ins Land schlägt
mit hängenden Fäden im Gischtgesicht

Lacanau-Océan

Vom Aussichtspunkt
rollt das Meer auf dich zu
höher als sonst

das Wasserband windet sich
schlägt sich von einer Seite zur anderen

Wellen türmen sich
richten sich auf
Schicht für Schicht
bis sie vom Kamm in die Tiefe stürzen
mit gischtiger Wucht

der Aufprall sagt dir
dass deine Kraft nicht ausreicht
im Unbändigen zu bestehen

siehe die Natur des Ozeans:
    eigengesetzlich
    wild
    unstet
    unruhig

immer wieder
    sich selbst zähmend
    überschäumend
    überkommend
    verwerfend

ein weltverrückendes
zeitloses Spiel des Lebens

Hitzebruch

Hitzebruch der Zypressen
Tauben krächzen
im Harz der Gehölze
knarzen Kieferkolben

    den Dunstkreis der Wolken
    zacken Lichtblitze
    Sonnendonner wirft
    grelle Glut

Sturz der Blaufront
Sturm gewirbelt
Sandkörner fliehen
Dünen ducken sich am Küstenrand

Wolkenbruch

Wurfgeschosse Sturm geladenen Donners
verbrennen den Sand
Quellerstengel windgetrieben
fegen über die Salzwiese

>vom Horizont rollt meterhoch
>der dunkelgrau gepeitschte Wellentreidel
>Blitzaufnahmen rücken das Ufer ins Licht

meine Augenlider blinzeln
wie alte Polaroidkameras
Schauermärchen spiegeln sich
Schwarzweißbilder
die in der Gischt vergilben

Sturmschäden

Von weither hören wir den Sturm
der alles verschiebt
Fährten Wände Häuser
wir senken unsere Köpfe
um Gedanken ablegen zu können
die wir hegen so lange Jahre schon
und dann vergessen um sie zu tilgen

ein jeder von uns kennt die Pflaster
die wir kleben so lange Jahre schon
und uns gegenseitig verheimlichen
jeder brennt in der gleichen Wunde

wenn wir nach langer Nachtfahrt
frei atmen kehrst du wieder
Schlagkraft des Blutes
wir tanzen mit dem Gipfel der Stürme
spüren wie das Höllenfeuer
auf uns seine Peitsche schwingt

wenn der Sturm vorüber ist
sind die Straßen unbefahrbar geworden
Landschaften zerrüttet
Häuser ausgebrannt

wem wird wenn der Sturm vorüber ist
Vergessen eine Heilung sein

„Die rostige Spitze der Nehrung"

~~~~~~

Küsten, Häfen, Flüsse, Stadt am Fluss

An den Küsten entlang entstanden Anlagen zum Beladen oder Löschen der Güter. Häfen wurden zu Umschlagplätzen des Handels, sorgten für Wirtschaftswachstum. An Flussmündungen entstanden große bedeutende Städte mit einer ausgeprägten maritimen Infrastruktur, aber auch Pensionen, Hotels, Restaurants und Amüsierviertel. Wasserschutz- und Hafenpolizei sorgen für ordnungsgemäße Abläufe.

Flussfeste und -spektakel bieten Unterhaltung für Touristen und die einheimische Bevölkerung. Für die Passagierschifffahrt wurden eigene Hafenabschnitte eingerichtet. Touristen schlendern dort über die Kais, verbummeln sich in den Geschäftsmeilen.

Die Bedeutung der Wasser- und Thalassotherapie ließ Kurorte, Lungenheilstätten und Bäder entstehen. Die Küstenstreifen wurden zu Stränden, die Touristik entwickelte sich rasant und wurde zum Wirtschaftsfaktor ganzer Regionen.

Um die Lebensräume für die Flora und Fauna zu sichern, erklärte man einzelne Ufergebiete oder Inseln zu Naturparks, Naturschutz- bzw. Artenschutzgebiete.

Tief verborgen fließt
in der Neigung des Flussbetts
alles Geheimnis

Küstenkonzert

Aus der Höhe Kuckucksrufe
von roter Pinienkrone abgeflogen
Laubengespräche im Gezweig
ein Reh scheut sich nicht

    Wellenrauschen aus der Ferne
    bäumt sich auf
    fällt ab zieht sich zurück
    um mit rollendem Tosen
    wieder anzulanden

eine Taube fliegt still heran
lauscht im schwingenden Geäst
um das Küstenkonzert nicht zu stören
ich lausche mit

Keine Insel

bleibt eine
wenn man Brücken baut

Cap Ferret

Wellendrift wirft Muschelketten
auf die rostige Spitze der Nehrung
    unterm Überflug
    ausschwärmender Brandseeschwalben
    spreizen Sandbänke vom Meersog
    aufgeschobene Flutlinien

im Seegras hacken orangerote Schnäbel
staken Austernfischer auf Futtersuche
    blaue Stranddisteln stacheln
    in den vom Wind herübergewehten Landgang

an der Brandungszone atlantischer Gezeiten
quellen im Quarzsand Feuerqallen
Röhrenwürmer krümmen sich

Parc Ornithologique du Teich, Bassin d'Arcachon

Vogelstrand

Ein Ziepen, Piepen, grelles Wiepen
ein Schnattern, Rattern, helles Knattern
ein Schwirren, Wirren, dumpfes Sirren
ein Huschen, Wuscheln, dunkles Kruscheln
ein Schnalzen, Balzen, Wasserwalzen
ein raues Krähen und Krakeelen
ich will es länger nicht verhehlen
am wilden Wasser flach versandet
im Vogelland bin ich gestrandet

Am Delta der Leyre

Im feuchten Nebel am Delta der Leyre
liegen seltsam unberührt
aus Eichen gebrochene Äste
Wasserarme reichen sich brackige Hände
zum Beschluss

befriedete Uferzone hälst deine Schwäne
wie weiße Wimpel in den Wind
Störche auf Wachtürmen klappern Alarm
wenn ein Schwarm Fotografen blitzt

Flusskrebse am Wegesrand schnappen
nach unbelehrbaren Störenfrieden
natürlicher Ordnung
Feldmäuse schleichen beschämt davon

kopfüber scharen sich Enten im Tauchgang
suchen mit Fischaugen die Strömung ab
auf Pfählen stecken Kormorane
die Schnäbel ins Gefieder

einst waren sie Zielscheiben
in Jahren die nicht wiederkommen

Vogeldemokratie

Von unten fällt der Blick auf hohe Bäume,
die ein Gezweiggewirre auf sich tragen,
aus welchem rote Stelzen aufrecht ragen,
die scheinbar wachsen in die blauen Räume.

Auf Gräsermatten tritt, auf Federfläume
die Storchenmajestät mit hohem Kragen.
Mit starken weiten Schwingen ohne Zagen
sie auf Gewässern aufschlägt weiße Schäume,

wo sie mit ihren langen Schnäbeln klappern,
mit ihresgleichen ausgelassen plappern.
Ein kleiner Buchfink plötzlich sich es wagt

und lauthals seine liebe Ruh einklagt
im Vogelpark. Schließlich sei es demokratisch,
dass Kleinvolk mitspricht, meinte er sokratisch.

L'île aux oiseaux

Von allen Seiten sieht man, wie zwei Hütten
auf Pfählen über Wasser triumphieren,
in welches die Kanäle sich verlieren
und Meeresvögel. Wellen sich entschütten

und branden, welche üppig wie aus Bütten
aufgefüllt mit Fischen, Schalentieren,
die Austernbänke ständig inspizieren,
sich überschlagen, wieder überschütten,

sich unterspülen, als wären sie geworfen
von langer Hand, den Boden zu entschorfen:
aus Fluten steigt's und lagert sich an Stränden,

als wären unsichtbar sie angetrieben,
von alten Zaubersprüchen wundgerieben,
den Überfall der Fischer zu beenden.

Arcachon

Und laut und leis strömt stetig an die Banden
das Binnenmeer, das aller Zeit, getrost
den Dünen, Gras bewährt und grün bemoost
die Wälder, durch Bonaparte entstanden,

ein Neues abgerungen, zu verlanden,
was unentwegt sich ändert, Schaum umtost
in wilden Wassermassen, Wind behost.
Nur Vögelzüge Jahr für Jahr dort stranden,

wo Legallais Hotels gebaut ans Watt
fürs Seelenheil. Die Pracht der Sommerstadt
begründeten die Villen und Chalets,

die solchem Strömen heute sich ergeben,
das Fülle bringt, lautes und leises Leben,
gehüllt in duftend blühende Bouquets.

Wenn die wilden Schwäne tanzen

musst du dich im Schilf verschanzen

Flügel bauschen sich

im Licht des Sonnenwindes
tanzende Schwäne

Wie das Nilpferd zu seinem Namen kam

Den Nil zertrampelte ein Pferd,
das Wasser war ihm nichts mehr wert,
es hatte seine Frau verschlungen,
als sie ein Liebeslied gesungen.

Dem schwarzen Fluss sollte sie weichen,
er floss gern in den Nil den bleichen.
Dort lauerten die Krokodile,
die Polizisten aller Nile.

Die fanden den Gesang zu schwer,
schwammen der Dame hinterher.
Am Katarakt des Altbara
ein Unglück am Felsblock geschah.

Die Primadonna wollt nicht weichen,
dem schwarzen Nil nicht, nicht dem bleichen.
Da schlug das Wasser hohe Wellen
und riss sie fort mit Stromesschnellen.

Die Krokodile standen still,
das Flusspferd tobte laut und schrill,
trauerte um die Frau so sehr,
strampelte wild im Nil umher,
hampelte, suchte wie gebannt.
Da hat man es Nilpferd genannt.

Nilschwemme

Der Nil führt keinen Priel,
das wär ihm viel zu viel,
er rauscht schon kilometerweit
und macht sich in Ägypten breit,
für Flusspferde sind außerdem
die kleinen Priele unbequem.

Doch flieht einmal ein Landwurm
aus Angst vor einem Sandsturm
in seine Böschung unbedacht,
weil das ihn unangreifbar macht,
dann überschwemmt der Nil
mit seinem Wellenspiel
die Uferzonen mit Gebraus,
dass schwimmen lernt die Wüstenmaus.

Und führt der Nil den großen Priel
wird er auch Flusspferds Ziel.

Ein Krokodil im Nil hat Stil

trägt feines Leder stets subtil
will man es ihm entringen
muss man ins Wasser springen

dem Krokodil hat dies gestunken
weshalb schon viele dort ertrunken

Im Hordaland

Inselland aus Felsgespränge
Brücken verhaken die Wasserländereien
schlagen Pfeiler in den Meeresboden
Haltepunkte im Unbeständigen

Tunnel verbundene Landzungen
schlürfen Sand aus der Flut
die Quallen ausspuckt wie Bittermandeln

schwarze Schafe grasen unter weißen Schafen
auf Wiesenhängen die ins Tal führen
Kühe dösen gesättigt im Mittagsschlaf

längst sind die Goldminen abgegraben
das Edelmetall ausgeschöpft
Grubenlampen werfen Licht ins Dunkel

aus der Ferne klingen Shantys
aus vergangenen Tagen
rufen nach Fischern und Netzen
die über Dächer geworfen

Sommerhäuser staunen leis
über den späten Fang
sie blenden weiß wie Licht

Winterfischen

Zeit des Eises
wenn erfrorene Stimmen
im Wasser treiben
uns überstürzt
die silbrige Haut des Nebels

bewegungslos die Fische
eingegraben in den Sand des Sees
Ungeduldige stoßen ihr Maul
gegen die Glaswand

Eisfischer haben ein Loch geschlagen
Luft zischt wie ein Geysir
reißt Mützen von den Ohren

die Beute zerrt
an der Winterangel
mit der Hoffnung
auf Freilassung

Nachmittag

Auf zuckender See
blendet die Sonnenpeitsche
trägt mich die Fähre
lüstern leichten Wellengangs?

doch weshalb gezwungener Glanz
meine Augen tränen
eine andere Seite des Ufers?

einen Steinwurf entfernt
federt Wildentenflaum
tändelt über Pflastersteine
hinunter ins Becken
überläuft den Windhauch
den ich einatme
im Lichtkern des Nachmittags

er spuckt Wärme aus wie Lavaglut
brodelt, läuft aus ins Leck
aufziehenden Blaus
als hätte es nie zuvor Abende gegeben

Im Röhricht

Im Röhricht seufzt die See
zwischen Schilfrohr und Binsen
stolzieren schwarz befiederte Stelzen
Raubvögel lärmen, treiben ihr Schlagwerk
in Nistplätze, Teichrohrsänger zetern

Gezwitscher aus Dickicht
Drosselbanden fliegen auf
in der Kolonie der Wasserschwaden
verkriechen Larven sich und Raupen

Rohrkolben halten die Köpfe zusammen
ihre Ährchen verfangen sich
in den Dolden der Schwanenblumen

schon spitzen die Scharfrichter die Schnäbel
stochern im Schilf der Wasserpflanzen
klopfen den Boden ab
nach dem Laich der Karpfen und Hechte

Saarbrücken

Saarbrücken, weiße Stadt bist du,
das Licht blinzelt dir zu, ich seh'
die Schifffahrten, den Schlossgarten,
wo immer du aufblühst, folg ich der Allee.

Wir beide lieben dieses Licht,
mal zärtlich und mal wild, mal schlicht.
Wir fahren auf der Saar,
der Himmel brennt,
die Luft weht transparent,
kein Sonnenstrahl uns trennt,
Saarbrücken und mich.

Hochwasser

Fluss im Wind,
der Pegelstand, hochgeschaukelt,
wittert Warnungen.

Grillboote schwanken,
verlieren Saarbrücker Kohle,
Fische schnappen nach Frischluft.
Aufgereiht schwadronieren Wasservögel,
Spalier aus Federwolken,
im Schlamm badet die Autobahn.

Stadt am Fluss

Die Autobahn am tiefen Fluss
inmitten dieser Stadt,
schlägt ihre Brücken ringsumher,
darunter dröhnt Motorenheer
aufheulend durch die Stadt.

Und hat der Tag das Licht erkannt,
glitzert der Fluss im Lauf.
Die Schwäne landen auf der Saar
und Stockenten, die Taubenschar
am Saarkran wohnt dichtauf.

Und kriecht die Kälte überm Markt,
Bürger und Gast verharren
in Kneipen, Gaststätten, Lokalen,
vertreiben Regen, Wetterqualen
und reden manchen Schmarren.

Und doch zieht mich die weiße Stadt
stets wieder in den Bann:
die Lebenslust, der Schwanentanz,
die unbeschwerte Eleganz
treiben das Lächeln an.

Schwanentanz

Der Wellengang verschiebt den Fluss der Saar,
und alles Glitzern leuchtet in den Rillen.
Der weiße Rauch steigt auf aus alten Villen
wie Festlichkeits-Standarten. Ein Schwanenpaar

im Anflug, die Schwimmhaut der Füße zwar
gespreizt zum Wasserlauf, durchbricht mit Willen
die nasse Oberfläche, landet mit schrillen
und spitzen Tönen flügelschlagend, den Talar

aus Federn aufgeplustert dank des Schwingens.
Beim Schlingen ihrer Hälse im Wasserglanz
verlieben beide sich aufs Neu, so ganz

vergessen aller Augen, die rings umher
das Liebesritual bestaunen, gar sehr
beeindruckt von der Dauer dieses Ringens.

Berliner Promenade

Ja, sie blenden mich, Schweißperlen,
die auf Wellenkämmen glitzern,
da der Fluss dem Gelbkörper wehrt,
der aus den Höhen Flammen wirft.

Obschon Windäste über die Wasserhaut fächern
lodert die Stirn des Gewässers.
In dieser von Brandwunden gezeichneten Strömung
kräuseln Fische, im Gespräch mit Ankern,
eine Luftblasensymmetrie. Sie gerät in Wallung,
wenn sie auf Steinhöhen trifft,
die den geraden Lauf der Zeit behindern.

Jetzt hat die Sonnenhand den Feuersturm
über die Brüstung getrieben, löst eine Klangfolge aus,
die auf der Esplanade der Eiscafés schwingt.
Versprechungen wildern durch die Hitze,
die den klaren Blick verschmäht.
Schon das Rascheln einer Duftnote Aufsehen erregt,
inspiriert von der Sehnsucht des Sommers.

Ach, ihr kehren jene den Rücken,
die verängstigt sind und wortlos,
die die Gunst der Stunde vergrämen.
Ich spüre die Trauer der verlassenen Tische
bis Guiseppe sie befreit von den Resten
der erotischen Blasphemie.

Die Meistersänger von Saarbrücken

Am Wochenende fand in Saarbrücken das Saarspektakel statt. Frau Oberbürgermeisterin wollte sich über die Öffentlichkeitswirksamkeit der Veranstaltung informieren. Sie wählte die Telefonnummer des Vorzimmers: „Die Weberin soll reinkommen."

Frau Weber kam ins Büro: „Guten Morgen, Frau Oberbürgermeisterin."

„Guten Morgen Weberin. Die Zeitung berichtet gar nichts über die Eröffnung des Saarspektakels. Nicht ein Bild von mir ist enthalten. Eine Frage, haben Sie vielleicht ein Kopfschmerzmittel dabei?"

„Geht es Ihnen nicht gut? Ist Ihnen die Schiffssause nicht bekommen?" Die Referentin war besorgt.

„Welche Schiffssause?", fragte die Oberbürgermeisterin.

„Na, die von gestern."

Die Oberbürgermeisterin verstand nicht: „Wie, von gestern? Gestern habe ich das Saarspektakel eröffnet. Da gab es doch keine Schiffssause."

„Das dachte ich mir schon, dass gestern ein Tag zum Vergessen war", konstatierte die Pressechefin.

Verunsichert fragte die Oberbürgermeisterin: „Was war denn gestern?"

„Sie haben es also wirklich vergessen. Kein Wunder, beim vierten Grog sind sie über Bord gegangen."

Die Oberbürgermeisterin erschrak: „Wieso über Bord gegangen? Ich hab doch bloß das Grußwort gesprochen."

„Sinnbildlich stand Ihnen das Wasser bis zum Hals."

Die Oberbürgermeisterin wurde ungehalten: „Weberin, reden Sie nicht in kryptischen Vergleichen. Ich erinnere mich, dass nach meinen wohl formulierten Grußworten die Bistalmöwen aufgetreten sind."

„Und dann der Regionalverbandsdirektor und als Ehrengast Oskar Lafontaine", ergänzte Frau Weber.

„Weshalb hatten wir ihn eigentlich eingeladen?"

„Die Linke wollte Ihren Antrag auf Bezuschussung des Projektes ‚Stadt am Fluss' unterstützen", erklärte Frau Weber.

„Der Landeszuschuss wurde doch gar nicht genehmigt. Was hatte er denn von sich gegeben?", wollte die Verwaltungschefin wissen.

Frau Weber dozierte: „Er sprach von der Physik des Wassers beim Bau einer unterirdischen Autobahn."

„Hat da überhaupt jemand zugehört?" lästerte die Verwaltungschefin.

„Eben nicht, die Bistalmöven haben ihm sozusagen ins Wort gesungen", berichtete Frau Weber.

„Wie kommen die Sangesbrüder dazu, einen Ehrengast zu unterbrechen?", suchte die Oberbürgermeisterin nach einer Antwort.

„Wir hatten ein Zeichen für ihren Einsatz vereinbart. Wenn Sie sich die Nase putzten, sollte der Chor ein Lied anstimmen. Ich konnte ja nicht wissen, dass Sie über Nacht einen Schnupfen bekommen hatten", antwortete die Pressechefin.

„Ach du liebe Zeit! Das wird mir Oskar nie verzeihen", klagte die ehemalige Parteifreundin.

„Nachdem die Bistalmöven die Rede ständig unterbrochen hatten, habe ich sie auf einen Grog auf das Saarlandschiff eingeladen. Sie waren ja ununterbrochen am Nießen", erklärte Frau Weber die Situation.

„Das war auch eine Schnapsidee von Ihnen", mahnte die Verwaltungschefin und hielt sich den Kopf.

„Schnaps war dann ja auch das letzte Wort", witzelte Frau Weber.

„Wie meinen Sie das nun wieder?", rätselte die Vergessliche.

„Sie kamen mit Lafontaine nach, die Presse im Gefolge. Der Chor fing wieder an zu singen. Als sie einen Grog nach dem anderen gekippt hatten, sangen Sie und Lafontaine kräftig mit."

„Oh Gott, Weberin, hat uns jemand zugehört?", sorgte sich die Oberbürgermeisterin.

„Nur die Gäste und die Presse", frotzelte die Angestellte.

„Wie peinlich!", entfuhr es der Oberbürgermeisterin.

„Das wäre nicht so schlimm gewesen, wäre Ihnen nicht die Idee gekommen, mit Lafontaine um die Wette zu singen."

Die Oberbürgermeisterin erschrak: „Das wird ja immer schöner. Was haben wir denn gesungen?"

„Als Schnapsdrossel sind Sie unschlagbar. Sie haben gezwitschert wie ein Vögelein." Frau Weber begann auf die Melodie ‚La paloma' zu singen: „Kohlekraft in die Höh, bald schon wird sie vorbei sein, nur Erinnrung an Stunden des Bebens bleibt noch im Land zurück." Die Augen der Oberbürgermeisterin wurden immer größer.

„Lafontaine sang daraufhin", Frau Weber begann, auf die Melodie ‚Seemann, lass das Träumen' zu singen: „Lotte, lass das Träumen, bald ist alles aus, Lotte andre Kreise stürmen das Rathaus."

„Das war unverschämt," wehrte sich die Verwaltungschefin.

Frau Weber berichtete weiter: „Ja, ja. Das gipfelte schließlich darin, dass sie zum Schluss, als Sie sich textlich angenähert hatten, gemeinsam einen Text auf die Melodie ‚Auf der Reeperbahn' sangen."

Frau Weber begann wieder zu singen: „Auf der Reeperbahn in Sankt Johann, ob 'ne Frau du bist oder ein Mann, amüsierst du dich, denn das findet sich auf der Reeperbahn in Sankt Johann. Wer noch niemals in lauschiger Nacht, nackt im Brunnen gebadet dort hat, ist ein armer Wicht, denn er kennt dich nicht, mein Saarbrücken, Saarbrücken bei Nacht."

„Das ist ja eine Katastrophe", rief die Oberbürgermeisterin außer sich vor Scham.

„Danach sind Sie dann umgefallen und haben im Schnaps gebadet. Das Wasser stand Ihnen sprichwörtlich bis zum Hals. Unglücklicherweise ist Lafontaine darauf ausgerutscht und auf sie drauf gefallen. Die Schlagzeile unter diesem Bild sollte lauten: Charlotte und Oskar auf dem Höhepunkt ihrer Erwartungen. SPD und Linke wiedervereint."

„Wie haben Sie denn geschafft, dass dies nicht in der Zeitung erschienen ist?", heulte die Oberbürgermeisterin.

„Ich habe der Zeitung angeboten, Sie bei den nächsten Stadtspaziergängen nicht mehr begleiten zu müssen. Da haben die sofort zugesagt."

Windfall

Aus der Saar
wächst der Wind,
der auf uns niederfällt.
Manchmal fallen wir hin,
versuchen aufzustehn
in der Schieflage,
die gerade Linie suchend.
Was aber bewegt den Sturm,
der alles niederreißt
in der Hitze des Gefechts?

Im Krieg der Meere
treiben Haifische
Schwärme vor sich her
wie Herbstlaub.

Oh, lächle mit den Blättern,
müder Herzschlag!
Die Stunden
sind gezählt.

Kleines Saarstück

1
Aus der Traufe der Steinwände
entspringen in den Vogesen
zwei Flüsse rot und weiß,
rinnen durch Wälder und Wiesen.

Oh kleine Gewässer,
Schlachten liegen in der Luft.

Einsamer Lauf zwischen Grenzen,
treffen sich Teile eines Ganzen:
ein Fluss, eine Richtung, ein Land.

Oh Saravus, Sarre, Saar,
Wasser kennt keine Grenzen.

Oh Strom, Grenzüberwinder,
grundständiger Tiefer,
auf dem Weg in die Weite.

2

Durch die Stadt der vielen Brücken
fließt das Wasser der Saar,
unter dem Gewölbe des Himmels,
Blaustich für Blaustich.

Ein Fürstengeschlecht hängt in der Luft,
das ging und nicht wiederkam.

Die Saar hat viele Schleppen
von der Farbe der Platanen.
Doch braun ist das Bett,
die Kunst ein Theater.

Oh braunes Blut,
das in den Schleppen verging!

3
Ein Fluss der Spektakel,
zerflossene Geschichte,
dein Streben teilt die Stadt.

Ein Zug durchdringt die Luft,
gezwitschert von Vogel zu Vogel.

Von Brücke zu Brücke
ein anderes Grün,
die gelben Margeriten,
die roten Tamarisken,
braun ist der Grund, schwarzes Land.

Eine Liebe hängt in der Luft
wie die Farbenlehre der Jahre.

4
Durch die Stadt der vielen Brücken
strömt die Wasserader Saar.
Sie fällt von Staustufe zu Staustufe.

Oh blaues Blut
läuft aus deinem Rachen.

Ein Strom für Drachenboote,
ein Ufer weißer Tische,
Glockentürme über dir.

Ein Regenbogen hängt in der Luft,
Farbenspiele des Himmels
Die Haine der Eichen,
die Stämme aus Bast,
die an Grenzen nicht enden.

Oh Liebe, die du warst,
kamst und nicht gingst.
Wer kann dich mir nehmen,
wer deine blutigen Blätter reinigen?

Oh blaues Blut,
das im Lauf des Wassers verschwimmt.

Mondfisch

1

In der Saar
schwimmen keine Krokodile
sie sind vor langer Zeit
an Land gegangen

schau auf den Kriechfuß
den schleppenden Schritt
die verblassten Augen den erstarrten Mund

in der Saar
schwimmen keine Krokodile

feines Leder trägt man wieder
niemand mit prächtigen Schuppen will
sich mit anderen ruppen

2

Die Glücksmomente der Wassertiere
liegen bei den Fischen:
kein Landgang

glitschiger Mond
fischt im Sternenmeer
strandet seine Springflut vor meinen Füßen
Neumond für Neumond

Fischhaut trägt die Meerjungfrau
hin und wieder
taucht sie auf aus den Saarfluten
am Biss der Krokodile wird sie verbluten

„Aus den Tiefen des Meeres"

Seemannsgarn, Nixen, Meerjungfrauen

Wenn die Seeleute unheimliche Geschichten erzählen, ist es schwer, zwischen Fantasie und Wirklichkeit zu unterscheiden. Sie spinnen nämlich ein feines Seemannsgarn. In Zeiten, in denen aus alten Tauen neues Schiemannsgarn gesponnen wurde, das um Leinen und Trossen gewickelt wurde, war das Geschichtenerzählen von angeblichen Erlebnissen, Sagen oder Geschichten um Geisterschiffe, Seeungeheuer oder den guten Schiffsgeist Klabautermann ein beliebter Zeitvertreib. Heute sind Erzählungen über Monsterwellen, Riesenkraken oder -kalmare jedoch bestätigt. Sie existieren tatsächlich. Das Ungeheuer von Loch Ness hat allerdings noch niemand gefunden.

Geschichten über Wassermänner, Meerjungfrauen, Sirenen oder Nixen faszinieren heute immer noch. Wassergeister gelten als Elementargeister. Sie sind überirdische Fabel- und Fantasiewesen, die im Wasser leben. Paracelsus bezeichnete die Wassergeister als Nymphen oder Undinen. Im deutschen Sprachraum werden sie auch als Nixen bezeichnet. In der griechischen Mythologie lockten Sirenen Schiffer an, um sie zu töten. Der Gott des Meeres ist Poseidon, Bruder des Zeus und einer der zwölf olympischen Gottheiten. Sein Kennzeichen ist der Dreizack und das Pferd. Meerjungfrauen sind weibliche Wasserwesen, die zur Hälfte menschlich sind und im Hüftbereich mit einen Fischkörper dargestellt werden. Das männliche Gegenstück hierzu ist der Wassermann. Medusen oder Hesperiden zählen in der griechischen Mythologie zu den Nymphen.

Im See aus Jude

zieht ein Schwan Spiegelspuren
Geständnisse des Lichts

Gralssuche

Im Wellental der heil'ge Gral. -
Es fassen die Matrosen
den Entschluss,
ein jeder muss
den Kelch des Lebens kosen.

Sie rudern los mit großem Schwung
und stürzen in die Wogen.
Der Liebeswahn
ein Totenkahn
unter dem Sonnenbogen.

Sie trinken Ruhm, Gewürz der Welt
und wähnen sich als Helden,
der Becher voll,
die Jungfrau soll
Vollzug dem Meergott melden.

Der Dreizack ragt, Poseidons Brust
gestählt steigt aus dem Tosen,
die Töchter stehn
in Äols Wehn,
duften nach salzgen Rosen.

Oh Seemann denk an Mutters Aug,
es wacht an allen Tagen.
Die Wunde glüht,
vom Bangen müd
um todesmut'ges Wagen.

Einst fegt das Herz das Rauschen fort
und trägt es an die Seelen.
Oh toter Sohn, den Liebeslohn
kann keiner jemals stehlen.

Poseidons Tochter

Ich verließ die Nacht, mich der hellen Seite
zuzuwenden und zu träumen
wie ich einst träumte

    der goldene Gipfel schien auf und ich stand
    auf dem Olymp
    einer anfänglichen Hoffnung

süßer Wein weitete meine Augen
und ich sah eine Zeit lang
in vergangene Zeiten

bewusst der Unmöglichkeit jene Stunden
festzuhalten in denen meine Liebe
Heimat mir war und Körper

    nun da ich auf der Felsenspitze tanze
    und jeder Sturz mich einbrechen ließe spüre ich
    die Schneide des Windes die Höhen der Sonne

aus den Tiefen des Meeres
erklingt das Muschelhorn
    als wenn Poseidon seine Tochter heimsuchte
    um sie vor dem Verschäumen zu bewahren

Blumenschiff

Das Blumenschiff
durchquerte den Ozean,
voller Knospen,
aufgesprungen, aufgeblüht.

Oleander duftete,
schmückte die Segel,
reifte im Wind,
der mit den Wellen spielte.

Selbst im Sturm
umklammerten sie den Mast.
Manche Blütenköpfe
riss er vom Stamm,
schäumte sie zerrissen an Land.

Später, als alles Bunte
aufgelöst,
trieb das Schiff farblos im Meer,
ohne Antrieb
ins Ungewisse,
in ausgeworfene Netze.

Ein Fischer stand am Ufer,
winkte und rief:
„Aus den Maschen des Seemannsgarns
lass uns Pullover stricken."

Der Klabautermann

Auf dem Vorderdeck eines Kreuzfahrtschiffes erschien der Klabautermann und beschwörte: „Meine Damen und Herren, ich bin der Klabautermann, der Schiffsgeist, der nach der Seefahrt alles wieder aufräumt und ins rechte Licht rückt. Ich muss nach einer Schiffsreise soviel Seemannsgarn aufrollen, dass ich mir davon neue Netze stricken könnte." Da klopfte es. Der Klabautermann flüsterte: „Jetzt muss ich mich verstecken. Die letzten Gäste der AIDA kommen, Traumschiff lässt grüßen." Zwei Damen mit großem Hut, Urlaubskleidung und Handtasche kamen auf das Vorderdeck und setzten sich auf die Stühle. Der Klabautermann versteckte sich im Hintergrund und hörte zu.

Lilo erinnerte ihre Freundin Hilda: „Weißt du noch, als wir mit der Aida auf Kreuzfahrt waren?"

„Ja, ja, das war vielleicht ein Traumschiff, eine einzige Traumreise, diese Sause!", sehnte sich Hilda zurück.

„Du hast ja ganz schön geträumt", meinte Lilo.

„Du aber auch", grinste Hilda.

„Wir waren zwei richtige Meerjungfrauen. Nur mit dem Verschäumen hat es nicht geklappt", sinnierte Lilo.

Hilda lachte: „Aber in Auflösung waren wir des Öfteren."

„Erinnerst du dich noch an den ersten Offizier. Wie der dir eine Seite gepfiffen hat. Der war vielleicht Aufsehen erregend. Die Damen vom Kegelclub waren ganz aus dem Häuschen", kicherte Lilo.

„Der war ganz schön schneidig, kann ich dir sagen. Ich hab mit ihm in den hellsten Tönen gesungen", schwärmte Hilda.

Beide fingen zu singen an. „Fahr mich in die Ferne mein blonder Matrose, schau mich nicht so an ohne Hemd, ohne Hose. Wir gehören zusammen, wie das Bier und der Korn, wir schippern zusammen übers Meer bis Kap Horn, wir schippern zusammen übers Meer bis Kap Horn."

„Du hattest ja mehr für den Smutje übrig", sagte Hilda.

„So ein Schiffskoch kennt ganz besondere Menues. Nicht immer nur Leipziger Allerlei. Die Gerichte hatten eine ganz besondere Würze. Und erst der Nachtisch! Was glaubst du, wie viel Desserts wir danach ausgelöffelt haben?", flunkerte Lilo.

Gefangen in ihren Erinnerungen begannen beide wieder zu singen: „Ich will nur noch Schokolade, ich will einen Koch als Mann. ich will einen der gut kochen und das Würzen richtig kann."

„Ich will es gar nicht wissen, sonst werde ich auch noch eifersüchtig", mahnte Hilda.

Lilo entgegnete: „Eine Kostverächterin warst du aber auch nicht. Denk mal an den Kapitän. Du warst beim Käpt'ns Dinner ständig an seiner rechten Seite. Und den Ball der Herzen hat er auch mit dir eröffnet."

„Der konnte Walzer tanzen, da ist mir ständig schwindlig geworden", schwärmte Hilda.

„Bist du deshalb in Ohnmacht gefallen?", fragte Lilo neugierig.

„Ich musste ihm doch einen Grund geben, mich in meine Kabine zu begleiten", genoss Hilda die Vorstellung.

„Und danach hat er dich auf Händen getragen. Sag mal, hat er dich geentert oder bloß gerettet?", rätselte Lilo.

„Der Kapitän ist ein wahrer Pirat, immer auf Eroberung aus, die ganze Nacht", flunkerte Hilda.

Wieder sangen die beiden: „Alle die mit uns auf Kaperfahrt fahren müssen Tänzer mit Drehschwung sein. Einmal links und einmal rechts, da wird man schwindlig, da wird man schwindlig, einmal rechts und einmal links, Dreivierteltakt schwindlig macht, das bringt's."

„So, so, deshalb hattet du am nächsten Morgen eine Binde um den Kopf und ein rotes Halstuch an", unkte Lilo.

„Erinnerungen muss man pflegen, sonst laufen sie einem davon. Dafür hat dir der Steuermann gezeigt, wo's hingeht", erklärte Hilda.

„Sein Kompass stand immer auf Fahrt. Er war so unerschrocken", meldete Lilo und klimperte mit den Wimpern.

In diesem Moment tauchte der Klabautermann aus seinem Versteck auf: „So, so meine Damen. So viel Seemannsgarn sollte man nicht auf einmal spinnen. Ich bin der Schiffsgeist und weiß die ganze Wahrheit."

Beide erschraken und hielten sich die Hüte vor das Gesicht. Der Klabautermann ging um die beiden herum und blieb hinter ihnen stehen. Der Klabautermann mahnte: „Wissen Sie, was mit Leuten geschieht, die laut vor sich her träumen? Immer wenn sie schwindeln, wird ein Haarbüschel nach dem anderen grau."

Verschreckt kramten beide in den Taschen nach einem Spiegel und hielten ihn vor ihr Gesicht.

Der Klabautermann sagte weiter: „Wenn sie aber erkennen, dass sie nur geträumt haben, bekommen sie die alte Haarfarbe wieder zurück. Also, wie war das mit dem ersten Offizier? Ist er tatsächlich mit Ihnen bis Kap Horn geschippert?"

Hilda stotterte: „Wir, wir haben gar nicht abgelegt. Ich bin in Norderney geblieben und hab dem Schiff hinterher gewunken."

Der Klabautermann sprach: „Norderney, Norderney, das macht den Büschel frei." Er riss ihr das graue Haarbüschel vom Kopf.

„Und Sie, wie war das noch mit dem Nachtisch?", fragte er Lilo.

Lilo stammelte: „Na-Na-Nachtisch. So weit sind wir doch gar nicht gekommen. Da standen so viele am Büffet herum, dass ich mich nicht entscheiden konnte, zu viele Köche verderben eben den Brei."

Der Klabautermann sprach: „Verdorbener Brei, das macht den Büschel frei." Auch ihr riss er das graue Haarbüschel vom Kopf.

Der Klabautermann bohrte weiter: „Und wie war das noch mit der Kaperfahrt?"

Hilda murmelte: „Ja, das war so. Wir haben zwei Tische weit weg vom Kapitän gedinnert. Da hatte ich immer den Blick auf seine rechte Seite. Er aß immer zuerst ein Ei zum Frühstück."

Der Klabautermann sprach: „Ein Ei, ein Ei, das macht den Büschel frei." Er riss ihr ein weiteres graues Haarbüschel vom Kopf.

Der Klabautermann ließ nicht locker: „Und wie war das mit der Segeltour?"

Lilo haderte: „Ach, nur Mast- und Schotbruch. Wir sind gar nicht ausgelaufen. ich stand ja nur am Kai."

Der Klabautermann sprach: „Am Kai, am Kai, das macht den Büschel frei." Auch ihr riss er noch ein weiteres graues Haarbüschel vom Kopf. Sie sahen in ihre Spiegel, fuhren sich mit den Händen durch die Haare und lachten. Hilda war überrascht: „Sieh mal, sieh mal, die grauen Haare sind weg."

Lilo erwiderte: „Bei mir auch."

„Sehen Sie meine Damen, alles Schöne kommt aus dem Spiegel, das Wahre liegt ohnehin immer im Auge des Betrachters", versprach der Klaubermann und verschwand.

Gleiche Enden

Von der Brüstung des Marmortempels
siehst du hinab
auf die Lagune der leichten Sehnsucht

Sie spricht mit dem Zauberfels
der alles was ihn berührt
ins Gewünschte bannt

So gleichen sich
Sonne und Mond
Helles und Dunkles
Weißes und Schwarzes

Sie sind
voneinander entgegengesetzte Ziele
einer Strecke

Von jedem Ende
gehst du auf ihre Mitte zu

Blaue Grotte

Fährst du
durch die Grotte
bleibt der Fels ein Fels
Marotte der Geschichte

Wer hat ihn aufgetürmt
abgewaschen
geformt
zugespitzt

Wer gleitet auf dem Nachen
des Schwans
Königen gleich
durch das Wasserbad

Nur einen Tauchgang entfernt
wandeln Feen am Gestade
durch das Blau
Seelen aufsammelnd
die in Tiefen stürzten

Tanz der Musen am Schäferbach

Weit hinter den Fichten singt hell Erato
Göttinnen der Schönheit ein lockendes Lied
es tanzt Terpsichore im silbernen Mondschein
in wallender Seide das Rabenvolk flieht

    Urania strahlte und spannte den Wagen
    am Himmel der Sterne voll taumelnden Lichts
    die Grazien eilten den Schwestern zur Seite
    bis auf die Muse des Heldengedichts

Bacchantinnen kamen mit Dionysos
verteilten den Wein im schillernden Dunkel
sie tranken und lachten und niemand bemerkte
das Nahen des Stammelns aus Hades Gemunkel

    Moiren zogen am Lebensfaden umwoben
    die Pfründe am Schäferbach
    Styx erwachte aufflogen Raben aufbrach
    die Schlucht in laut tosendem Krach

aufschreckten die Trunk`nen aus Freuden und Lüsten
das Stöhnen der Tiefe aus Abgrund und Wehen
ein Trauerspiel schrillte Erinnyen lachten
die Musen des Schönen mussten vergehen

    die Schlucht aber blieb fortan ein Zeichen
    auf jene zu warten die unfertig sind
    Kalliope allein wacht nun hinter den Fichten
    und schützt vor dem Abgrund ein spielendes Kind

Daunenzauber

Die Nacht verblasst
das Schimmern des Blattgolds
am Horizont

ruft ein Wandervogel
einsam vom Meer herüber
bricht das Schweigen
Zauber weißer Daunen

mir lächeln Dächer
das Dunkel von der Seele
öffnen Fenster jeglichen Morgen

magischer Moment des Lichtwechsels
wenn sich die Farbpalette aufgetragenen Lebens
aus der Nebelbank schält

wie ein Fahrer
der den Kesselraum im Schiffsrumpf schürt
ohne auf den Kompass zu schauen

Meeresalabaster

Glitzernder Alabaster
senkt sich vom Horizont
ins wankende Azur

Am Ende des Tags
schließt Frieden der Wind
mit des Wassers Nachtruhe

Wellen im Traumland
wenn die Meerjungfrau
sich das Haar verwebt

Undine tanzt

Mondfluss silbergeneigt,
ich folge der Spur
teichsichtigen Blicks.
Sonnenfunken zündeln,
nicht Lichtsplitter,
Sternscherben spiegeln sich
im dunklen Nass.

Stimmenschweben, ein Raunen
leichtfüßig über der Wasserhaut.
Kiesel klickern, klirren im Sog,
Strudel verrinnen, versickern,
Nachtwachen tauchen auf.

Drunten im Schilf wirbelt Undine,
im Wassergarten drehen Nymphen
Hochzeitstänze,
flattern über Seerosenblättern
im Takt der Rohrgesänge,
weiße Bänder im Haar.

Zwischen den Wurzelkolben
thronen Tribünen,
Hörstühle für Kardinäle,
Sitzflächen für Libellen.
Auf Seidelbast
wiegt sich die Lilienfrau.

Wer die Nachtgeister überdauert,
nährt sich von Wegwarten
und blauen Blumen.

Olympische Küste

Der Ozean ein Blautopas von weißem Licht gebleicht
und leichte Wellen die schäumend sich ans Ufer lecken
ein Rosaton der unbemerkt sich ausbreitet und verstreicht
am Beugegrat des Blicks Visionen sich vollstrecken

>sieh dort am Horizont wacht immerzu ein kleines Schiffchen
>ein junges kaum zu sehendes Gewölk aufsteigt wie ein Siegel
>das die Fahrt erhofft und wartet am Korallenriffchen
>sich dann und wann ein Singen überträgt ein Götterspiegel

aus dem die Stimmen locken schön und sanft wie eine Muse
ein Chor der Göttinnen gehüllt in einen Nebelschleier
ein Winken gelöst von allen tritt hervor die lieblichste Meduse
spielt süßeste Töne der Verführung auf der Leier

>und alle Götter scharen sich um sie am Himmelsknauf
>ein Schillern Blitzen und Geglitzer meine Augen blenden
>es zieht mich hin zu jenen Wesen in den Sternenlauf
>Vergangenes will sich in Gegenwart vollenden

Loreley

Drüben in den Sommerarmen
schwelgen Schmetterlinge leis,
brennt Gelbes ohne Erbarmen
Risse in die Erde.

In fröhlich wippender Bluse
krallen sich die Blicke fest
versinkt die schwarzhaarige Meduse
Schiffe in ihr Meer.

In ihren Strähnen klagen Laute
von Sehnen und Verlangen.
Nur einmal wird sie dir zur Braute,
zieht alles in die Tiefe.

Schwanensee

Von den Emporen steigt die Nacht.
Monde, die Sternen entsagen,
gleiten dahin wie mit Geisterfracht,
den Schlaf probt der große Wagen.

Dort irrt ein Traum, der nicht träumt,
aus stiller Sehnsucht sich speiste,
der seinen Flaum aus den Tagen bäumt,
sich niemals misst mit der Leiste.

Im Teich zieht ein Schwan eine Silberspur,
das Geraune Rotbarts entfacht.
Pan flötet leise in Moll und Dur,
im Schilf ist Odette aufgewacht.

Die Flügel auf der Wasserhaut
bauschen, ein Tanz mit dem Federkiel,
schwingt auf der Vogel, tönt ein magischer Laut
in das unauslöschliche Spiel.

Auf weißen Schwänen flieg ich zu dir
durch den Wind, sternfädenverstrickt.
Draußen spielt Nacht auf dem Träumeklavier,
zeitlos durch den Äther geschickt.

„Bist du ein Tropfen in einem Strom"

Leben und Meer

Trotz aller Erkenntnis bleibt das Meer mystischer Anziehungspunkt für das Leben und Erleben des Menschen. Wasser gilt als Symbol des Lebens. Es ist lebensnotwendig und wurde zur Metapher für den menschlichen Lebensweg, Fruchtbarkeit, Leben und Überleben.

Wasser taucht in biblischen Bezügen an entscheidenden Wegkreuzungen immer wieder auf, als Neuwerdung oder Errettung wie die Sintflut, die Teilung des Meeres, der Gang über das Wasser, die Taufe der ersten Christen durch Eintauchen in den Jordan oder der Fisch als Symbol für Christen.

Die Seefahrt und das Meer finden sich in unserer Alltagssprache als maritime Metaphern wieder wie z.B. Schiffbruch erleiden, sich als Wrack fühlen, sich auftakeln, baden gehen oder untertauchen.

Wasser

kann in ruhigen Betten fließen
es kann prasseln und tropfen
es kann stürmen und klopfen
so auch das Leben:
es ist mal Bächlein
mal Fluss
mal Wildwasser

Lebenswasser

Fällt wildes Wasser über dich her,
fragst du dich, wogt so das Meer?
Treibst du als Boot auf einem See,
bläht deine Segel die nächste Bö.

Bist du ein Tropfen in einem Strom,
fließt in der Menge dein eignes Atom.
Trittst du im Regen in eine Pfütze,
fragst du dich, wozu der Wasserlass nütze.

Schwimmst du als Fischlein in einem Bach,
hält dich sein Lauf immerfort wach.
Ziehst du als Schwan eine Glitzerspur,
bilden die Kreise die Wasserstruktur.

Hörst du die Saar mit all ihren Stimmen,
lerne zu tauchen oder zu schwimmen.
Rege dich oder halte dich still:
du allein ahnst, was das Leben will.

Was bleibt

wenn das Meer
seine Wellen leer rauscht
Gipfelpunkte
die du hundertfach
vor meiner Seele
hast anschwellen lassen
ziehen sich zurück

Wasserbruch

Manchmal beklage ich das Wasser,
das, ohne zu fragen, die Richtung wechselt
und nicht nach den Fischen fragt.

Welches Meeresgetier irrt nicht,
wenn die Strömung unüberwindliche Soge
erfindet, Strudel, die uns in die Tiefe reißen.

Im Untergegangenen forschen viele
nach den Ursachen der Unwetter.
Schatzsucher wertvoller Gründe
wirbeln Staub auf.

Wer kann schwimmen, wenn selbst
die Abgründe nicht zu erkennen sind,
wenn im tiefen Ozean Vulkane brodeln.
Mir aber bleibt die Schuppenhaut,
um die Reibung auszuhalten,
mich durchzuschlängeln
in die oberen Schichten der Klärung,
bis das Wasser wieder klar und ruhig fließt
und die Haut sich erneuern kann.

Wasser schöpfst du aus

der Kelle aller Flüsse
als Lebensquelle

Lebensboot

Des Himmels Takelage flaggt finstre Wolken
Wind jagt das Boot durch ungestüme Wellen
pfeilschnell schießt es hindurch
fliegt durch den Anstrom der Wogen
wieder und wieder
bis es aufschlägt liegenbliebt

in der Flaute spürst du
was der Sturm begehrte:
        Angerissenes,
        Abgerissenes,
        Fortgerissenes.

Wem wird, wenn die Segel wieder gehisst,
Verlorenes eine Sehnsucht sein?

Einmal werden wir sein

wie der Wind überm Meer
tragen werden wir unser Wissen
an die Ufer Gestrandeter

Einmal werden sie sein
wie der Wind überm Meer
mit dem Wissen
um gebrochene Hölzer

Wasserspiele

Das Wasser, das in seiner Erscheinung
durchsichtiges Medium der Materie ist,
sickert in unseren Körpern wie ein Fluss
durch die Zeit, die bestimmt oder unbestimmt,
die Gegenwart begrenzt.

Lange bevor wir austrocknen
verlässt es uns als Schweiß,
Perlen der Anstrengung, ungeliebte Dinge
sorgfältig durch den Tag zu leiten,
als sei es das einzige Glück des Lebens,
den Anforderungen unserer Existenz
nachzukommen.

Wir fließen mit ihrem Fluss, ununterbrochen,
die Fließfähigkeit unserer Gedanken prüfend,
wissend, dass niemandes Ausscheren
das Versickern aufhält,
wie sehr unser Spiegelbild
im Glanz eines Lichts auch scheint.

Im Schlaf finden wir zurück zu Träumen,
die, einer frischen Quelle entsprungen,
uns von Grund auf das Schwimmen lehrten.
Wir rudern alle mit Segeln,
die das Windspiel des Meeres
aufbläht und wieder verfallen lässt,
wie unendlich tief,
unendlich weit,
unendlich blau,
es uns auch immer umspült.

Schwimmversuch

Endlose Weite, Weite ohne Ziel, die sich
ins nicht mehr Erkennbare durchschlägt
und sich auflöst, ohne zurück zu schauen.

Ziellose Tage, die nichts hinterließen,
als eine Treppe ohne Stufen, die uneinnehmbar
den Blick nach oben zwang,
ahnen, dass eine unnütze Wand
keinem Sturm standhalten wird,
darauf warten, dass die Wolkenansammlung
dunkel genug scheint, um den Dorn ins Sturmauge
zu stoßen, damit der Wasserfall
die Treppe zum Einstürzen bringt,
dass uns die Flut nach oben spült
ins ewige Blau des Himmelreichs.

So lernten wir schwimmen, dem Fluss zu folgen,
der uns mitreißt mit seiner ewigen Strömung
in die Weite des Horizonts.

Schäumte das Meer

die Wellen nicht auf
blieb das Wasser
stehen
und das Abgestandene
wäre Ewigkeit

Alternativen

Meer, Fangseil
der Welt,
wasserwerfend scharf,
voller Ungeheuer.

Du schäumst
vor Wut
über den Abfall
der Schiffe,

dir aber bewusst,
dass dein Nass
nicht versiegen wird.

Wir jedoch
werden auf dem Sand
sitzen bleiben,
Flaschen rollend,
vollgestopft
mit den Überresten
der Zivilisation.

Das Nebelhorn

Der Wind bläst das Nebelhorn,
die Segel festzurrt der Seemann.
Gar mancher Ton reißt das Tuch vom Kopf.

Gestern waren es Böen, heute Stürme.
Verbirg dich im Kahn, wenn das Trübe schwimmt.
In den Teichen laichen Kröten.

Froschwanderungen sind mitunter gefährlich.
Das Surren der Motoren genügt.
Wer den Hebel umlegt,
gewinnt Stille und Ausblick.

Atlantis

Wie oft sind wir Suchende
bis zu der Grenze,
deren Überschreiten Ertrinken
unabänderlich heraufbeschwört
und weigern uns dennoch,
den Versuch zu unterlassen.

Es ist unsere Abenteuerlust,
die uns das Lot wirft
auf der Wanderung
durch das unwirtliche Gelände
des Verdrängten,
des Geheimnisvollen der Seelengänge.

Eines Tages vielleicht
vereinen sich Sehnsucht und Hoffnung
und Atlantis wird auferstehn.

Boote

Ach ihr bemannten Boote
folgt der einprogrammierten Richtung
in alle Fernen der Fahrt

schwerfällig bewegt
die Kompassnadel
das Kommando der Kapitäne

doch die Matrosen reisen
von Hafen zu Hafen
von Heuer zu Heuer

das restliche Silber verspielt der Mond
wenn er die Sternbilder verträumt
den Sonnenaufgang mit falben Farben säumt

ein Fischer wirft seine Netze aus
in den Wirren der Morgendämmerung

Der breite Fluss

Die Brücken krümmen sich.
Es zieht der breite Fluss
die Uferböschung ins Bodenlose.
Schuhe verlieren sich
und die Fußtritte der Jäger.

Bald wirst du den Sand
zurück schaufeln in die Mulden,
die sie hinterlassen haben,
den Nebel auswischen
und die Wundrose verbinden.

Krokodile lauerten lange im Sumpf:
sie schnellen hoch, wenn sie Beute riechen,
schnappen nach Gliedern,
verschlingen Gedanken und Köpfe.

Lass dich nicht anpreisen!
Verlasse die Fußtritte,
scheuch die Krokodile zurück,
schütte Sand in den Fluss.
Die Brücken krümmen sich.

Bücher von Vera Hewener

Vermisstenanzeige. Gewidmet den ermordeten Juden des Naziregimes. Lyrik und Prosa. Vera Hewener. Libri BoD. Norderstedt 2000. ISBN 3-8311-0748-3. 2. erw. Auflage 2014. ISBN 978-3831107483.

Lichtflut. Reisenotizen. Lyrik und Prosa. Vera Hewener. Edition Calamus. Norderstedt 2001. ISBN 3-8311-1493-5. 2. erw. Auflage 2014. ISBN 987-3831114931.

Eine Neigung aus Blau. Gegenwartslyrik. Vera Hewener. Norderstedt 2002. ISBN 3.8311-3334-4. 2. Auflage 2014. ISBN 9783831133345

Bist Himmel mir und tausend Feuerfunken. Gedichte. Vera Hewener. Mauer Verlag. Rottenburg a/N. 2003. ISBN 3-937008-46-2.

Verwirbelungen der Zeit. Vera Hewener. Lyrik mit Bildern von Carolin Isele. WiKu Éditions Paris E.U.R.L. Paris und WiKu Verlag KG Berlin 2005. ISBN 3-86553-203-9.

Es kommen andere Ewigkeiten. Gedichte. Vera Hewener. WiKu Édition Paris ISBN 2-84976-0188 WiKu Verlag 2007. ISBN 978-3-86553-189-6.

Himmelsstürme. Vera Hewener. Gedichte mit Fotografien. edition Wort Verlag Bitburg 2010. ISBN 978-3-936554-00-3.

Das Jahr: Dichtung in vier Sätzen. Vera Hewener. Gedichte mit Fotografien. BoD Books on Demand Norderstedt 2013. ISBN 978-3-7322-3168-3.

Zaubervolle Winterwelt. Gedichte, Geschichten, Notizen. Vera Hewener. Verlag BoD Books on Demand. Norderstedt 2014. ISBN 9783735761262.

Frühlingsserenade. Die schönsten Gedichte, Geschichten und Notizen zur Frühlingszeit. Vera Hewener. Verlag BoD Books on Demand. Norderstedt 2015. ISBN 978-37347-3140-2.

Die Blüte des Sommers. Sommeranthologie. Die schönsten Gedichte, Geschichten und Kalendernotizen. Vera Hewener. Verlag BoD Books on Demand. Norderstedt 2015. ISBN 978-3-7347-89540.

In der Saar schwimmen keine Krokodile. Gegenwartslyrik & Texte. Vera Hewener. Verlag BoD Books on Demand. Norderstedt 2015. ISBN 9783738635676

Von Lorraine nach Aquitaine. Reisenotizen in Lyrik und Prosa. Vera Hewener. Verlag BoD Books on Demand. Norderstedt 2016. ISBN 9783741210860.

Du trocknest meine Tränen wieder. Religiöse Lyrik & Texte. Vera Hewener. Verlag BoD Books on Demand. Norderstedt 2016. ISBN 9783743113589.

Zaubervolle Jahreszeiten. Der Frühling. Vera Hewener. Verlag BoD Books on Demand. Norderstedt 2017. ISBN 9783743125117.

Aus meinem Federkiel. Magische Momente. Natur & Seele. Gedichte. Vera Hewener. Verlag BoD Books on Demand. Norderstedt 2017. ISBN 9783744870511.
Zaubervolle Jahreszeiten. Der Sommer. Vera Hewener. Verlag BoD Books on Demand. Norderstedt 2017. ISBN 9783744870993.

„Kerzen, Wunder, Himmels-Zunder". Vera Hewener. Lustige und besinnliche Geschichten und Gedichte zur Advents- und Weihnachtszeit. Verlag BOD Books on Demand. Norderstedt 2017. ISBN 9783744893824. 2. Ausgabe 2019. ISBN 9783738629682.

Die Jahreszeiten: Auslese. Gedichte. Vera Hewener. Verlag BOD Books on Demand. Norderstedt 2018. ISBN 9783738636017
Werkausgabe Band I. Frühe Gedichte 1970-1999. Verlag BOD Books on Demand. Norderstedt 2018. ISBN-13: 9783746025292

Kinder, Hund, Familienbund. Lustiges, Tierisches und Allzumenschliches in Lyrik und Prosa. Vera Hewener. Verlag BOD Books on Demand. Norderstedt 2018. ISBN 9783746056821

Zaubervolle Jahreszeiten. Der Herbst. Vera Hewener. Verlag BoD Books on Demand. Norderstedt 2018. ISBN 9783752842135

Christnacht, Glocken, Engelslocken. Gedichte und Geschichten zur Weihnacht. Vera Hewener. Verlag BoD Books on Demand. Norderstedt 2018. ISBN 9783748107637. 2. Ausgabe 2019. ISBN 9783741251641

In der Saar feiern die Fische. Gegenwartslyrik & Szenen. Vera Hewener. Verlag BoD Books on Demand. Norderstedt 2019. ISBN 9783732237142. 2. Auflage 2020. ISBN 9783752810080

Von Brandasund bis Nasholim. Reisegedichte, lyrische Ausflüge, Geschichten und Notizen. Vera Hewener. Verlag BoD Books on Demand. Norderstedt 2019. ISBN 9783732235841.

Tannen, Lobgesang, Weihnachtsklang. Gedichte, Geschichten, Liedtexte und Bühnenstücke zur Advents- und Weihnachtszeit. Vera Hewener. Verlag BoD Books on Demand. Norderstedt 2019. ISBN 9783750400030.

In der Saar tanzen die Schwäne. Gedichte, Geschichten & Szenen. Vera Hewener. Verlag BoD Books on Demand. Norderstedt 2020. ISBN 9783751921060.

Zaubervolle Weihnachtswelt. Geschichten, Gedichte, Stücke & Notizen zur Advents- und Weihnachtszeit. Vera Hewener. Verlag BoD Books on Demand. Norderstedt 2020. ISBN 9783752606409.

Weihnachtsklang, Lobgesang. Deutsche Gedichte und Nachdichtungen internationaler Weihnachtslieder, Gospels, Spirituals und deutsche Weihnachtslieder in moselfränkischer Mundart. Vera Hewener. Verlag BoD Books on Demand. Norderstedt 2020. ISBN 9783752606393.

Sodom und Camorra. Kurze Bühnenstücke für viele Gelegenheiten. Vera Hewener. Verlag BoD Books on Demand. Norderstedt 2020. ISBN 9783752606386

Oh Frühling, komm! Natur, Stadt & Land. Die schönsten Frühlingsgedichte. Vera Hewener. Verlag BoD Books on Demand. Norderstedt 2021. ISBN 9783753439594

Oh Sommer, leuchte. Natur, Stadt & Land. Die schönsten Sommergedichte. Vera Hewener. Verlag BoD Books on Demand. Norderstedt 2021. ISBN 9783753421414

Oh Herbst, wandle!. Natur, Stadt & Land. Die schönsten Herbstgedichte. Vera Hewener. Verlag BoD Books on Demand. Norderstedt 2021. ISBN 9783754320655

Oh Winter, schneie! Natur, Stadt & Land. Die schönsten Wintergedichte. Vera Hewener. Verlag BoD Books on Demand. Norderstedt 2021. ISBN 9783754347034

Das kleine Tännlein. Die schönsten Weihnachtgeschichten. Vera Hewener. Verlag BoD Books on Demand. Norderstedt 2021. ISBN 9783755701705.

Denn die Zeit ist des Ewigen Aufgang. Zeitgedichte von der Morgenröte bis zur Abendstunde. Vera Hewener. Verlag BoD Books on Demand. Norderstedt 2022. ISBN 9783755738756

Denn die Nacht ist der Spiegel der Sterne. Abend- und Nachtgedichte. Vera Hewener. Verlag BoD Books on Demand. Norderstedt 2022. ISBN 9783755730125

Verrückte Tierliebe. Tiergedichte für alle Generationen. Vera Hewener. Verlag BoD Books on Demand. Norderstedt 2022. ISBN 9783754359860